Schräder-Naef · Lern- und Arbeitsstrategien im Gymnasium

Die Reihe »Beltz Lern-Trainer«
wird herausgegeben von Wolfgang Endres

Regula Schräder-Naef

Lern- und Arbeitsstrategien im Gymnasium

Beltz Verlag · Weinheim und Basel

Über die Autorin
Dr. Regula Schräder-Naef, Jg. 1943, Diplompsychologin, leitete viele Jahre die Abteilung Erwachsenenbildung in der Bildungsdirektion des Kantons Zürich und arbeitet jetzt als selbstständige Bildungsforscherin, Kursleiterin und Autorin in den Bereichen Erwachsenenbildung und Lernmethodik.

Alle Rechte, insbesondere das Recht der Vervielfältigung und Verbreitung sowie der Übersetzung, vorbehalten. Kein Teil des Werkes darf in irgendeiner Form (durch Fotokopie, Mikrofilm oder ein anderes Verfahren) ohne schriftliche Genehmigung des Verlages reproduziert oder unter Verwendung elektronischer Systeme verarbeitet, vervielfältigt oder verbreitet werden.

Lektorat: Peter E. Kalb

© 2004 Beltz Verlag · Weinheim und Basel
www.beltz.de
Herstellung: Klaus Kaltenberg
Satz: Druckhaus »Thomas Müntzer«, Bad Langensalza
Druck: Druckhaus Beltz, Hemsbach
Umschlagabbildung: Picture Press, Hamburg
Illustrationen: Bernhard Zerwann, Bad Dürkheim
Printed in Germany

ISBN 3-407-38052-6

Inhaltsverzeichnis

Zum Auftakt 6

Selbstkompetenz
Sich kennen lernen 10
Motivation 14
Der eigene Lernstil 20

Sozialkompetenz
Zusammenarbeiten 24
Diskussionen 28

Voraussetzungen
Gesundheitsförderndes Verhalten 32
Konzentration 36
Zeitplanung 43

Wissen erwerben
Lesen mit eigenen Zielen 48
Folgerungen aus der Lernforschung 52
Hilfe in der Informationsflut 59

Verarbeiten
Notizen, Skizzen und Markierungen 64
Wissensmanagement 70

Weitergeben
Fach- und Semesterarbeiten 74
Einen Vortrag halten 80
Prüfungsvorbereitung ohne Stress 85
Prüfungen bewältigen 89

Schlusswort 93
Eigene Überlegungen 94
Lösungsvorschläge 96

Zum Auftakt

Schon lange wird erklärt, dass in den Schulen nicht nur Stoff vermittelt, sondern auch das Lernen gelernt werden soll. Die PISA-Ergebnisse haben zur Erkenntnis beigetragen, dass die Schülerinnen und Schüler beim Erwerb selbstständiger Lernformen unterstützt werden müssen. Es finden in den Schulen aller Stufen deshalb immer mehr Kurse und Unterricht in diesem Bereich statt.

Aber auch wenn sich immer mehr Schulen und Lehrpersonen der systematischen Vermittlung von Lernstrategien annehmen, sind es längst noch nicht alle. Manche Lernende haben zudem einmal einen Kurs besucht, konnten die Hinweise zu jenem Zeitpunkt jedoch nicht umsetzen und wollen sich später nochmals damit befassen. Schließlich gibt es verschiedene Lerntypen; manche Schülerinnen und Schüler lernen nicht am besten oder am liebsten im Unterricht, sondern ziehen es vor, zu lesen und bei aktuellen Problemen gezielt nachzuschlagen.

Aus diesen Gründen habe ich in diesem Buch die wichtigsten Grundlagen und Hinweise zu sinnvollen Lernmethoden für die Lernenden der Sekundarstufe II zusammengefasst und hoffe, ihnen damit beim selbstständigen Lernen und Erreichen ihrer Lernziele zu helfen.

Ich danke Dr. Ruedi Jörg, Berufsschullehrer, meinem Bruder Dr. Rudolf Naef, Gymnasiallehrer, und meinem Mann Bernd für das Durchlesen des Manuskripts, ihre Anregungen und Ergänzungen sowie Alex Kühn und ganz besonders meinem Sohn Adrian für die wichtigen Rückmeldungen aus der Sicht der jungen Lernenden.

Lernen als Selbsterfahrung

Das Buch wendet sich an Lernende der Klassen 10–13 und damit vor allem an Schülerinnen und Schüler der gymnasialen Oberstufe, aber auch der Berufsschule sowie an Auszubildende. Gemeinsam ist den Jugendlichen in diesen unterschiedlichen Lernsituationen, dass sie die obligatorische Grundbildung abgeschlossen haben und sich jetzt in einer Ausbildung befinden, die sie selbst gewählt haben (auch wenn es dabei eine ganze Reihe von Einschränkungen gibt).

In der Sekundarstufe II werden Jugendliche mit »Sie« angesprochen. Weil ich mich speziell an diese Stufe richte, habe ich diese Form der Anrede im Buch gewählt. Ich will damit ausdrücken, dass ich Sie und Ihre Lernprobleme ernst nehme – auch wenn mir oft ein freundschaftliches »du« näher lag.

Vielleicht haben Sie Ihre Ausbildung gerade begonnen und sind etwas verwirrt oder verunsichert von den neuen Anforderungen. Oder Sie schließen die Sekundarstufe II bald ab und wollen für den nächsten Schritt, ein Studium, eine Weiterbildung oder den Berufseinstieg, besser vorbereitet sein. Wie informieren und orientieren Sie sich, wie teilen Sie Ihre Zeit ein, wie kommen Sie zu den notwendigen Informationen und wie arbeiten Sie selbstständig? Wie ziehen Sie den größten Nutzen aus einer Unterrichtsstunde?

Unabhängig davon, ob Sie Ihre jetzige Ausbildung bald abgeschlossen haben oder nicht – Sie werden während Ihres ganzen Lebens immer wieder in Lernsituationen kommen. Es lohnt sich deshalb, darüber nachzudenken, welche Ihrer bisherigen Lernstrategien sich bewährt haben, und wo Sie Probleme hatten und gezielt nach besseren Lösungen suchen wollen.

Wenn Sie zu diesem Buch greifen, tun Sie dies vermutlich deshalb, weil Sie mit Ihrem Lernerfolg nicht ganz zufrieden sind. Vielleicht sind Sie auch mit neuen Anforderungen konfrontiert, müssen beispielsweise erstmals für eine größere Arbeit Informationen zusammentragen, aufbereiten und übersichtlich präsentieren und brauchen Tipps zum systematischen Vorgehen.

Wenn wir unzufrieden sind mit den Ergebnissen unserer Lernbemühungen, kann dies verschiedene Ursachen haben:

- Uns fehlen wichtige Wissensgrundlagen.
- Unsere Lernstrategien sind nicht effizient.
- Wir kommen mit den Lehrerinnen oder Lehrern nicht zurecht.
- Die Schule oder Ausbildung liegt uns nicht.
- Wir sind durch Misserfolge entmutigt und trauen uns bessere Leistungen nicht zu.

Um erfolgreich zu lernen, müssen die Strategien uns entsprechen; auch brauchen wir verschiedene Strategien, die wir je nach Situation anpassen und anwenden können.

Das Buch will Ihnen helfen, aktuelle Lernprobleme zu lösen und Ihre Lernmethoden zu verbessern. Es enthält dazu viele Materialien und Anregungen, jedoch keine starren Rezepte, die Sie unbesehen »nachkochen« können. Wichtig ist, dass Sie sich über Ihre eigenen Lernziele und Ihren persönlichen Lernstil klar werden und damit selbstständig lernen können. Je nach Situation kann das Buch für Sie eine Einführung und ein Überblick oder aber ein Nachschlagewerk in bestimmten Situationen sein.

Am meisten profitieren Sie, wenn Sie selbst aktiv sind. Nur Sie können entscheiden, welche Strategien Ihnen entsprechen. Begnügen Sie sich deshalb nicht damit, zu lesen, sondern gehen Sie auf die Fragebogen und Checklisten ein, prüfen Sie Tipps auf ihre Anwendbarkeit in Ihren Lernsituationen und halten Sie Ihre Überlegungen dazu fest.

Das Buch enthält Unterlagen und Materialien zu 17 verschiedenen Problembereichen und Fragestellungen. Sicher sind nicht alle gleichermaßen aktuell für Sie. Lassen Sie sich von Ihren Fragen und Problemen leiten, bestimmen Sie selbst, mit welchen Kapiteln Sie sich auseinander setzen und in welcher Reihenfolge Sie diese bearbeiten wollen. Haben Sie Mühe, aus Texten zu lernen, empfiehlt es sich, zuerst das Kapitel 9 »Lesen« vorzunehmen und anschließend die Hinweise beim Durcharbeiten der anderen Kapitel anzuwenden. Vielleicht macht es Ihnen mehr Spaß, wenn Sie das Buch mit einem Klassenkameraden, einer Freundin oder in einer kleinen Lerngruppe bearbeiten. Überlegen Sie in diesem Fall gemeinsam, welche Kapitel Sie am meisten interessieren, verabreden Sie regelmäßige Treffen und bereiten Sie sich durch das Bearbeiten der entsprechenden Abschnitte vor.

Die Übersicht auf der nächsten Seite zeigt, mit welchen Fragen sich jedes Kapitel befasst. Halten Sie fest, welche zurzeit für Sie am wichtigsten sind.

Lernstrategien-Teilbereiche

Selbstkompetenz
- Wer bin ich und was kann ich?
  Sich kennen lernen S. 10
- Was will ich lernen?
  Motivation S. 14
- Wie lerne ich gerne?
  Der eigene Lernstil S. 20

Sozialkompetenz
- Wie lernen wir mit- und voneinander?
  Zusammenarbeiten S. 28
- Wie machen wir uns verständlich?
  Diskussionen S. 28

Voraussetzungen
- Was kann ich für meine Gesundheit tun?
  Gesundheitsförderndes Verhalten S. 32
- Wie kann ich mich besser konzentrieren?
  Konzentration S. 36
- Wie gehe ich mit meiner Zeit um?
  Zeitplanung S. 43

Wissen erwerben
- Wie lerne ich aus Texten?
  Lesen mit eigenen Zielen S. 48
- Wie lerne ich richtig?
  Folgerungen aus der Lernforschung S. 52
- Wie finde ich Informationen?
  Hilfe in der Informationsflut S. 59

Verarbeiten
- Wie halte ich Informationen fest?
  Notizen, Skizzen und Markierungen S. 64
- Wie behalte ich den Überblick?
  Wissensmanagement S. 70

Weitergeben
- Wie schreibe ich eine Facharbeit?
  Fach- und Semesterarbeiten S. 74
- Wie präsentiere ich einen Vortrag?
  Einen Vortrag halten S. 80
- Wie bereite ich mich auf Prüfungen vor?
  Prüfungsvorbereitung ohne Stress S. 85
- Wie stehe ich Prüfungen durch?
  Prüfungen bewältigen S. 89

Folgende Fragen sind zurzeit für mich aktuell – mit folgenden Kapiteln will ich beginnen:

1. ....

2. ....

3. ....

4. ....

5. ....

Das Buch enthält viele Tipps, Checklisten und Fragebogen. Überlegen Sie sich ein System, wie Sie Aussagen hervorheben, die Ihnen beim Durcharbeiten besonders wichtig erscheinen, oder Ihre Gedanken dazu festhalten wollen: Sie können Markierungen am Rand anbringen, mit Leuchtstiften arbeiten und die Seiten am Schluss des Buches für Ihre Gedanken und Zusammenfassungen nutzen. Auf diese Weise können Sie immer wieder daran anknüpfen.

Das Buch wird zu Ihrem persönlichen Lernbegleiter, wenn Sie Ihre Ideen und Vorgehensweisen eintragen, Ihre positiven und negativen Gefühle beim Lernen, Erfolge und Misserfolge, Überlegungen, Erkenntnisse und Schlussfolgerungen. Es hilft Ihnen, eine Bilanz zu ziehen, Rückschau zu halten, beim Nachschlagen und Repetieren. Sie können es auch bei der Vorbereitung von Gesprächen mit Lehrern oder Lehrerinnen beiziehen.

Selbstkompetenz

Sich kennen lernen

Wer bin ich und was kann ich?

> Die Eltern von Tobias kümmerten sich immer sehr um seine Schulleistungen. Sie gaben ihm gute Ratschläge, wie er vorgehen sollte und erwarteten, dass er zuerst seine Schulaufgaben machte, bevor er sich mit anderen verabredete. Für gute Noten wurde er belohnt, wenn er schlechte Noten hatte, wurden Nachhilfestunden organisiert und das Taschengeld gekürzt. Tobias stand deshalb unter dem Eindruck, dass die Eltern für sein Lernen verantwortlich sind; er versuchte gerne, sie auszutricksen, und setzte sich nie freiwillig mit einem schulischen Thema auseinander. In der Oberstufe sollte er jedoch selbstständig lernen. Er steckt in großen Schwierigkeiten, weil ihm dazu sowohl Grundlagen als auch Lernziele fehlen.

Worum geht es?

Das Alter zwischen 15 und 20 stellt nicht nur im Hinblick auf die Ausbildung, sondern auch bei der persönlichen Entwicklung zwischen Kind und Erwachsenem einen Übergang und einen wichtigen Lebensabschnitt dar. In dieser Zeit wollen wir uns abgrenzen, eigene Entscheidungen treffen und wir müssen lernen, selbst die Verantwortung zu übernehmen. Manchen fällt dies leicht – bei anderen äußert sich das Bedürfnis nach Selbstständigkeit vor allem im Widerstand gegen die Eltern und Autoritätspersonen.

Damit verbunden sind auch Unsicherheiten und oft Selbstzweifel. Die Jugendlichen beschäftigen sich stark mit sich selbst, suchen ihre Stellung, vergleichen sich mit andern und möchten akzeptiert werden.

Geht es Ihnen auch so? Neigen Sie dazu, vor allem die eigenen Unzulänglichkeiten zu sehen und über Versäumnisse und Missverständnisse zu grübeln? Für Ihr Selbstvertrauen ist es wichtig, dass Sie auch Ihre positiven Seiten sehen, Ihre Fähigkeiten und Möglichkeiten realistisch einschätzen und keine Perfektion von sich erwarten. Verfolgen Sie Ihre eigenen Ziele und geben Sie nicht zu schnell auf.

Wenn wir zu uns selbst ehrlich sind und uns selbst akzeptieren, werden wir nicht immer überlegen, was andere von uns halten, und haben keine Angst, uns anderen gegenüber so zu zeigen, wie wir sind.

Jeder Mensch lernt auf seine Weise. Um sein eigenes Lernen zu verstehen, ist es wichtig, sich mit sich selbst, seiner Situation auseinander zu setzen und sich zu akzeptieren.

Vieles lernen wir nicht in der Schule. Machen wir uns bewusst, wo unsere Stärken liegen, was wir alles können, was wir durch Erfahrungen in der Familie, beim Sport, im Verein, durch Hobbys gelernt haben.

Ein Beispiel: Sabrina geht zur Aufbesserung ihres Taschengeldes Babysitten. Sie hat einen großen »Kundenkreis«; die Kinder freuen sich, wenn sie kommt. Spaß macht es ihr auch, Kindergeburtstage mit Ausflügen und Schatzsuchen zu organisieren. Dabei hat sie nicht nur viel über Kinder und die Umgebung gelernt, sondern auch ihr Talent im Planen und ihre Kreativität entdeckt.

Überlegen Sie sich, wo Ihre Stärken sind, was Sie gut können, was Sie gelernt haben, was Ihnen liegt.

Wie sehen Sie sich? Kreuzen Sie aus den vorgegebenen Eigenschaften jene an, die auf Sie zutreffen und ergänzen Sie nach Gutdünken:

Wie bin ich?

- ☐ Neugierig
- ☐ Zielstrebig
- ☐ Zuverlässig
- ☐ Ungeduldig
- ☐ Spontan
- ☐ Genau
- ☐ Ehrgeizig
- ☐ Intuitiv
- ☐ Zurückhaltend
- ☐ Pünktlich
- ☐
- ☐ Abwartend
- ☐ Geduldig
- ☐ Praktisch
- ☐ Freundlich
- ☐ Vernünftig
- ☐ Systematisch
- ☐ Mitfühlend
- ☐ Flexibel
- ☐ Empfindlich
- ☐

Es gibt manchmal Situationen, in denen wir etwas Neues über uns erfahren, etwas Wichtiges lernen, das unser zukünftiges Lernen prägen kann.

Ein Beispiel: **Lukas hatte in den Ferien Gelegenheit, bei Freunden erstmals Wasserski zu fahren. Wie die anderen auch, kam er bei den ersten Versuchen nicht aus dem Wasser hoch. Immer wieder scheiterte er kläglich. Während jedoch seine Kollegen längst aufgegeben hatten und auch der Fahrer des Motorbootes langsam die Geduld verlor, versuchte es Lukas immer wieder aufs Neue, bis er schließlich triumphierend eine Runde drehen konnte. Es war für ihn ein Schlüsselerlebnis, dass Hartnäckigkeit zum Ziel führt.**

Erinnern Sie sich an ein Lernerlebnis, das Ihnen zu einer wichtigen Erkenntnis über sich selbst verholfen hat, das Ihnen wichtig war?

Warum war diese Lernerfahrung wichtig? Was hat alles dazu beigetragen?

Vielleicht haben Sie Lust, Ihre Überlegungen mit anderen zu diskutieren.

Meine Stärken

Was mag ich an mir?

....
....
....
....

Was schätzen andere an mir? Welche Eigenschaften schätzen meine Freundinnen und Freunde, meine Eltern und Geschwister an mir? Wie sehe ich mich selbst? Was ergibt mein Nachfragen?

Meine eigene Einschätzung

....
....
....
....

Aussagen von

....
....
....
....

Welches sind meine Stärken? Wie kann ich sie einsetzen?

....
....
....
....

Welche Eigenschaften stören mich eigentlich?

....
....
....
....

Will ich dagegen angehen?

☐ Ja ☐ vielleicht ☐ nein

Wie sehen mich andere? Will ich darüber mit einem Lehrer oder einer Lehrerin sprechen? Welche Ratschläge geben sie?

....
....
....
....

Ein Lerntagebuch als Lernbegleiter

Manche Lernende führen ein Lerntagebuch, in das sie regelmäßig eintragen, was ihnen im Zusammenhang mit dem Lernen wichtig ist. Sie beobachten sich damit selbst beim Lernen, freuen sich über ihre Fortschritte und lernen aus Irrtümern und Umwegen.

Wenn Sie ein solches Lerntagebuch führen, wird Ihnen schon beim Schreiben vieles klar werden. Durch das Festhalten Ihrer Gefühle und Erkenntnisse lernen Sie sich zudem besser kennen und entwickeln sich weiter.

Die nachfolgenden Fragen dienen als Anregung, welche Überlegungen notiert werden können:

- Was habe ich gelernt?
- Wie bin ich vorgegangen?
- Was ist mir gut gelungen?
- Welche Fortschritte habe ich gemacht?
- Wo hatte ich Probleme?
- Wie habe ich versucht, die Probleme zu lösen?
- Was mache ich nächstes Mal anders?
- Was muss ich noch klären?
- Worauf bin ich stolz?
- Was hat mir heute Spaß gemacht, was war gut am heutigen Tag?
- Worüber möchte ich noch mehr erfahren?
- Was blockiert mich und was könnte ich dagegen tun?

Falls Sie kein spezielles Lerntagebuch führen, können Sie auch dieses Buch dazu nutzen, Ihre Überlegungen festzuhalten. Am Schluss des Buches (ab S. 94) sind einige Seiten dafür vorgesehen. Notieren Sie dort die Ideen und Gedanken, auf die Sie beim Lesen, beim Ausfüllen der Checklisten und Beantworten der Fragebogen gekommen sind. Können Sie Ihr eigenes Lernkonzept zusammenfassen?

Motivation

Was will ich lernen?

> Martin kann mit dem Fach Chemie einfach nichts anfangen. Er arbeitet deshalb stets nur gerade so viel, wie er unbedingt muss. Vieles was in der Schule gebracht wird, versteht er nicht und langweilt sich deshalb. Seine Noten sind schlecht, was ihn in seiner Abneigung gegen das Fach bestärkt.
>
> Daniela hat Spaß an Chemie. Wenn sie beim Lesen von Zeitungen oder beim Fernsehen auf eine Frage stößt, die einen Bezug zu diesem Fach hat, macht sie sich eine Notiz und bringt sie in der nächsten Unterrichtsstunde vor. Durch ihr Mitdenken sieht sie größere Zusammenhänge und Querverbindungen. Prüfungsvorbereitungen fallen ihr leicht, die guten Noten geben ihr neuen Schwung.
>
> Die gleichen Lektionen, die Martin als unverständlich und langweilig erlebt, empfindet Daniela als informativ und anregend.

Worum geht es?

Selbstverständlich ist die Motivation für das Lernen von entscheidender Bedeutung. Hochmotivierte Schülerinnen und Schüler können gute Schulleistungen erzielen, auch wenn ihre Lernstrategien nicht optimal sind. Desinteressierte und erfolglose Lernende sehen andererseits oft keinen Grund, sich mit neuen Lerntechniken auseinander zu setzen. Wer sich bewusst für das Lernen entscheidet, geht ganz anders mit dem Stoff um als andere, die sich unter Druck fühlen und die das Ganze nicht interessiert.

Lernen ist ein starkes menschliches Bedürfnis. Vielleicht erinnern Sie sich, wie es war, als Sie ein kleines Kind waren und Ihre älteren Geschwister oder größeren Spielkameraden schon so viel mehr konnten. Sie lernten laufen, sprechen, sich selbst anziehen, Fahrrad fahren und tausend andere Dinge mehr - nicht weil jemand Sie dazu angeleitet hat, sondern weil Sie es wollten. Erinnern Sie sich auch, wie stolz Sie waren, als Sie etwas zum ersten Mal geschafft hatten?

Die meisten Kinder sind interessiert und eifrig, wenn sie in die Schule kommen. Im Laufe der Schulzeit geht aber bei vielen die Lernmotivation verloren, weil sie vieles lernen müssen, zu dem sie keine Beziehung haben, oder weil ihre Lernanstrengungen schlecht beurteilt werden.

Wenn Sie sich für eine Ausbildung entschieden haben, können Sie auch etwas tun, um Ihr Interesse zu wecken oder aufrecht zu erhalten. Ähnlich ist es ja auch, wenn Sie eine Sportart betreiben oder Musik spielen: nicht immer haben Sie Lust zu trainieren; Sie tun es aber trotzdem und investieren viel Zeit dafür, weil Sie wissen, dass Sie nur so Fortschritte machen und weiterhin Freude daran haben.

Diese Erfahrungen lassen sich auch auf das Lernen in der Schule übertragen. Einige Tipps zur Selbstmotivation:

Überlegen Sie, wie Sie das Gelernte anwenden können

Ein Beispiel: Wer französisch lernt, kann
- sich einen Brieffreund/eine Brieffreundin in einem frankophonen Land suchen oder im Internet auf Französisch chatten,
- Ferien, einen Ferienjob oder ein Praktikum im französischen Sprachraum planen,
- Filme in französischer Sprache ansehen,
- öfter französische Fernsehsender wählen,
- französische Kinderbücher, Comics, Kriminal- oder Liebesromane lesen, Zeitschriften über ein Hobby auf französisch beschaffen,
- französischen HipHop-Texten zuhören, Lieder lernen, usw.

Entwickeln Sie klare Ziele und Vorstellungen über Ihre Zukunft

In der Oberstufe stehen Entscheidungen über die Wahl der weiteren Ausbildung an. Wenn Sie Ihre Richtung bereits kennen, sammeln Sie Unterlagen, die für diesen Weg wichtig sind. Haben Sie sich noch nicht entschieden, lassen Sie sich beraten und beschaffen Sie so viele Informationen wie möglich über Ihre Fähigkeiten, Neigungen und möglichen Ausbildungen. Falls Sie gerne im Internet surfen: Es gibt eine Unmenge von Informationen über Bildungswege, Berufe, Praktika, Beratungen etc. (vgl. S. 60).

Stellen Sie Zwischen- und Etappenziele auf

Auch klare Ziele geben uns nicht immer den richtigen Schwung für die tägliche Arbeit. Wichtig sind deshalb kleinere Zwischenziele, die Überlegung, welche Etappen dahin führen. Manche dieser Ziele werden von der Schule vorgegeben (Prüfungen, Arbeiten). Motivierender wirken aber jene, die wir uns selbst setzen. Größere Aufgaben unterteilen wir und legen fest, wie viel wir jeden Tag bearbeiten wollen. Wichtig ist natürlich, dass die einzelnen Tagesziele nicht zu hoch sind. Wenn wir am Abend den geplanten Stand erreicht haben, verschafft uns dies ein wichtiges Erfolgserlebnis und motiviert uns wesentlich mehr für die weitere Arbeit als nur das Bewusstsein, ein Stück vorangekommen zu sein.

Lassen Sie sich von Fehlern nicht entmutigen

Wenn wir uns nur mit anderen, erfolgreicheren Schülern und Schülerinnen vergleichen und nur auf unsere Schwächen starren, werden wir leicht entmutigt. Alle können Fehler machen; Fehler sind Lösungsversuche und damit Chancen, aus denen wir lernen können. Sie wären nur dann zu vermeiden, wenn wir uns an keine Herausforderungen trauen. Ein Fehler kann uns dann weiterbringen, wenn wir uns überlegen, wie wir gedacht haben. Die Zuversicht, dass wir unsere Ziele erreichen können, dürfen wir darüber nicht verlieren. Falls Sie in einem Fach blockiert sind, kann ein Gespräch mit dem Lehrer oder der Lehrerin weiterhelfen.

Überwinden Sie Hindernisse

Vielleicht stimmen die äußeren Bedingungen nicht, fehlen Ihnen Unterlagen, Geräte, ein ruhiges Zimmer. Scheuen Sie sich nicht, Ihr Problem mit einer geeigneten Person (Klassenlehrer, Hausmeister, Lehrmeister?) zu besprechen und zu diskutieren, welche Lösungen gefunden werden können: Können Sie beispielsweise den Computerraum, die Mediothek, das Sprachlabor außerhalb der Unterrichtszeiten nutzen?

Gewinnen Sie Freude am Lernen und nehmen Sie sich Zeit zum Feiern

Lachen ist gesund. Nehmen Sie nicht alles so ernst. Freuen Sie sich über Erfolge, über das Erreichte, über gelöste Probleme und positive Rückmeldungen. Kein Wissensgebiet ist nur trocken und langweilig – fragen Sie jene, die mit Ihrem Problemfach gut klar kommen. Auch übers Internet können Sie vielleicht zu einem neuen Zugang kommen, zum Beispiel über **www.mathe-spass.de**. Schaffen Sie sich neben dem Lernen auch Zeit und Gelegenheit zum Feiern und Abschalten.

Erfolgserlebnisse motivieren

Die Freude am Lernen und das Selbstvertrauen werden gestärkt durch sichtbare Lernerfolge und Anerkennung. Wir freuen uns, wenn wir Fortschritte machen oder sehen, dass wir eine Aufgabe richtig gelöst haben. Dazu können wir nach dem Lernen festhalten, wo wir stehen, Erledigtes abhaken, unsere Ergebnisse entweder selbst kontrollieren oder in unserer Lerngruppe diskutieren. Wichtig ist dann, dass bei den gegenseitigen Rückmeldungen das Positive und nicht nur die Fehler hervorgehoben werden.

Belohnen Sie sich selbst

Überlegen Sie, welche Belohnungen Sie für das Bewältigen einer Lernetappe oder das Erreichen von Zwischenzielen einbauen wollen (ein Kinobesuch, Musik, ein Telefongespräch?). Vermeiden Sie es, sich selbst zu »bestrafen«, indem Sie sich beispielsweise gerade dann zum Lernen hinsetzen, wenn ein Sie brennend interessierendes Sportereignis übertragen wird oder alle andern feiern.

Lernen Sie aus dem Training beim Sport

Auch beim Sport muss eine Kondition aufgebaut und durch systematisches, regelmäßiges Training erhalten werden. Hier leuchtet es jedem ein, dass es nicht gleichgültig ist, ob wir an einem Tag pro Woche 7 Stunden trainieren oder täglich eine Stunde. Zudem sind Fortschritte, beispielsweise Zeiten, beim Sport leicht messbar und wirken motivierend. Beides gilt auch beim Lernen: Regelmäßiges Training bringt uns weiter, Fortschritte motivieren.

Der nachfolgende Fragebogen kann Ihnen bei der Auseinandersetzung mit Ihren Zielen und beim Aufbau einer Lernmotivation helfen.

Meine heutige Situation

Welches sind meine Ziele? Welche Lernziele will ich als nächste erreichen?

....
....
....
....

Wann macht mir Lernen Spaß? Was habe ich gerne gelernt?

....
....
....
....

Mit welchen Gebieten befasse ich mich auch in meiner Freizeit?

....
....
....
....

Auf welche Wissengebiete bin ich neugierig, worüber möchte ich mehr erfahren?

....
....
....
....

Welche Fächer liegen mir besonders?

....
....
....
....

Über welche Lernerfolge freue ich mich?

....
....
....
....

Wie reagiere ich, wenn ich bei einer Prüfung eine gute Note erhalte?

☐ Da habe ich Glück gehabt

☐ Ich habe gut gelernt

☐ Der Lehrer/die Lehrerin ist nett

☐ Das Fach liegt mir

Welche negativen Lernerfahrungen habe ich gemacht?

....
....
....
....

Meine heutige Situation
(Fortsetzung)

Was blockiert mich? Welche Hindernisse bestehen?

....
....
....
....
....

Was könnte ich daran ändern?

....
....
....
....

Wer könnte mich unterstützen?

....
....
....
....

Wie reagiere ich bei Schwierigkeiten? Spornen sie mich an oder gebe ich schnell auf?

....
....
....
....

Wie verhalte ich mich bei unangenehmen Aufgaben?

☐ Ich schiebe sie so lange wie möglich auf.
☐ Ich versuche, sie möglichst bald zu erledigen.

Wage ich mich an schwierige Aufgaben und bleibe ich dran?

☐ Ja   ☐ nein

Welche Fächer liegen mir nicht?

....
....
....

Wie könnte ich dazu eine neue Einstellung gewinnen? Wer könnte mir dabei helfen?

....
....
....
....

Wie könnte ich meine Stärken und meine positiven Lernerfahrungen für die Überwindung von Schwierigkeiten einsetzen?

....
....
....
....

Checkliste Selbstmotivation

Die vorgegebenen Aussagen können folgendermaßen eingestuft werden:

☺ Das mache ich bereits
😐 Das könnte ich versuchen
☹ Das entspricht mir nicht

	☺	😐	☹
Ich bin neugierig und suche nach Antworten auf meine Fragen.	☐	☐	☐
Ich informiere mich regelmäßig über Themen, die mit den Schulfächern und meiner Ausbildung zu tun haben.	☐	☐	☐
Ich habe das Gefühl, das zu tun, was ich tun will.	☐	☐	☐
Ich bin zuversichtlich, dass ich meine Ausbildung erfolgreich abschließen werde.	☐	☐	☐
Ich tue täglich etwas, das mir Spaß macht.	☐	☐	☐
Ich habe eine Wunschliste für Belohnungen.	☐	☐	☐
Ich überlege am Abend, was der Tag Gutes gebracht hat.	☐	☐	☐
Ich überlege mir, was das Lernen für meine späteren Ziele bedeutet.	☐	☐	☐
Ich stelle mir vor, wie es ist, wenn ich mein Ziel erreicht habe.	☐	☐	☐
Ich habe meine großen Ziele in kleinere Etappenziele aufgeteilt, die für mich in Reichweite liegen.	☐	☐	☐
Ich kontrolliere meine Lernfortschritte regelmäßig und freue mich über das Erreichte.	☐	☐	☐
Ich vergleiche meine Leistungen nicht mit jenen der andern in der Klasse, sondern überlege, was ich dazu gelernt habe.	☐	☐	☐
Wenn ich etwas nach Plan erledigt oder ein Teilziel erreicht habe, belohne ich mich.	☐	☐	☐
Ich stelle mich auf regelmäßige Lernzeiten ein.	☐	☐	☐
Ich kenne meine Stärken und setze sie in schwierigen Situationen ein.	☐	☐	☐
Ich versuche neue Lernmethoden und setze jene ein, die mir am besten liegen.	☐	☐	☐
Ich prüfe, was ich an belastenden oder störenden Situationen ändern kann.	☐	☐	☐
Ich tausche Lerntipps mit andern aus.	☐	☐	☐
Ich überlege mir, wie ich neuen Stoff anwenden kann.	☐	☐	☐

Nehmen Sie sich nach dem Beantworten der Checkliste etwas Zeit für Ihre Auswertung. Sind Sie zufrieden mit Ihrer Motivation und Ihrem bisherigen Vorgehen? Vergleichen Sie die erste und die zweite Kolonne: Welche Tipps sprechen Sie an und scheinen Ihnen einen Versuch wert? Welches Vorgehen entspricht Ihnen nicht? Haben Sie andere Ideen? Notieren Sie Ihre Schlussfolgerungen in Ihrem Lerntagebuch oder am Schluss des Buches (S. 94).

Der eigene Lernstil

Wie lerne ich gerne?

Laura lernt am liebsten allein aus Büchern und Texten. Sie beschafft sich alle notwendigen Unterlagen, setzt sich dann an ihren Schreibtisch, liest, schreibt Zusammenfassungen und zeichnet Übersichten.

Marco braucht viel Bewegung. Wenn er sich etwas einprägen will, geht er dazu in seinem Zimmer hin und her; wenn er eine Aufgabe erledigt hat, läuft er schnell um den Block, bevor er die nächste in Angriff nimmt.

Der nachfolgende Lernstil-Fragebogen nennt eine Reihe von Vorgehensweisen beim Lernen. Prüfen Sie die einzelnen Aussagen daraufhin, ob Sie sie bereits anwenden, ob sie für Sie in Frage kommen oder Ihnen nicht entsprechen. Tragen Sie den Buchstaben am Zeilenanfang in die Kolonne ein, die auf Sie zutrifft. Es gibt keine richtigen oder falschen Antworten, sondern es geht darum, sich mit den bisherigen Vorgehensweisen auseinanderzusetzen und allenfalls Lust zu bekommen, neue zu erproben.

Worum geht es?

Wahrscheinlich haben Sie sich im Verlauf Ihrer Schulzeit an bestimmte Vorgehensweisen und Lernmethoden gewöhnt und halten diese für selbstverständlich. Wenn Sie mit Ihrem Lernerfolg und dem dafür erforderlichen Aufwand zufrieden sind, haben Sie auch keinen Anlass, Ihren Lernstil infrage zu stellen. Andernfalls kann es hilfreich sein, Ihr Vorgehen zu überprüfen und zu überlegen, ob es Ihnen wirklich entspricht.

Es gibt nicht nur eine und nicht die beste Lernmethode. Welche gewählt wird und zum Erfolg führt, hängt vor allem von den persönlichen Vorlieben ab. Wenn wir uns Vorbilder nehmen, Lehrpersonen oder Klassenkameraden nachahmen, sind Enttäuschungen möglich, weil wir vielleicht nicht die gleichen Erfahrungen machen wie sie. Keine einzelne Methode kann für alle gültig sein.

Fragebogen Lernstil

Es bedeutet:

☺ Mache ich regelmäßig
😐 Könnte ich versuchen
☹ Liegt mir nicht

		☺	😐	☹
B	Beim Auswendiglernen gehe ich im Zimmer hin und her.	☐	☐	☐
A	Ich spreche Vokabeln auf Tonband und lerne mit Walkman.	☐	☐	☐
B	Ich lasse mir den Lernstoff beim Joggen, Schwimmen oder Radfahren nochmals durch den Kopf gehen.	☐	☐	☐
B	Ich mache beim Lernen immer wieder Pausen, in denen ich aufstehe, etwas trinke, mich bewege.	☐	☐	☐
S	Ich frage andere nach Lerntipps und probiere diese.	☐	☐	☐
V	Wenn ich nicht sicher bin, wie ein Wort geschrieben wird, schreibe ich verschiedene Versionen und erkenne dann die richtige.	☐	☐	☐
A	Ich höre gerne zu und kann mündlichen Erklärungen gut folgen.	☐	☐	☐
U	Ich lerne gerne allein und in Ruhe.	☐	☐	☐
A	Beim Lösen von Aufgaben spreche ich mit mir selbst.	☐	☐	☐
V	Ich schreibe mir mündliche Erklärungen auf, weil ich sie dann besser behalten kann.	☐	☐	☐
B	Ich probiere viel selbst aus, will Dinge anfassen, manipulieren.	☐	☐	☐
U	Ich teile meine Zeit selbst ein und halte mich daran.	☐	☐	☐
V	Ich kann mich besser mit Bildern als mit Worten ausdrücken und verständlich machen.	☐	☐	☐
V	Ich mache mir beim Lernen Skizzen oder Zeichnungen und arbeite mit Farben und Symbolen.	☐	☐	☐
A	Vieles wird mir erst klar, wenn ich meine Gedanken ausgesprochen habe.	☐	☐	☐
S	Ich lerne mit anderen durch gegenseitiges Fragen und Erklären.	☐	☐	☐
S	Ich arbeite lieber zu zweit als in größeren Gruppen.	☐	☐	☐
S	Ich stelle Fragen zum Lernstoff und diskutiere ihn mit anderen.	☐	☐	☐
U	Ich suche mir die Informationen gerne selbst aus Büchern oder dem Internet zusammen.	☐	☐	☐
U	Ich kontrolliere selbst meine Lernfortschritte.	☐	☐	☐

Auswertung Lernstil-Fragebogen

Prüfen Sie die erste und die zweite Kolonne (☺, ☺) und zählen Sie, wie oft Sie jeden Buchstaben eingetragen haben.

	B	A	S	V	U
Mache ich regelmäßig ☺					
Könnte ich versuchen ☺					

Die Buchstaben bedeuten:

B Bewegungstyp, kann und will nicht lange still sitzen.
A Auditiv, lernt gut über das Ohr.
S Sozial, lernt gerne in der Gruppe und im Gespräch.
V Visuell, lernt am besten über die Augen, will den Stoff anschaulich präsentiert bekommen oder selbst aufbereiten.
U Unabhängig, lernt gerne allein und im eigenen Tempo.

Die meisten Lernenden verwenden verschiedene Vorgehensweisen und sind damit Mischtypen. Wie sieht das bei Ihnen aus?

....

....

....

....

Natürlich sind nicht alle Lernstile in jeder Situation anwendbar. Es empfiehlt sich deshalb, mehrere zu erproben und weiter zu entwickeln. Welches Bild ergibt sich aus der zweiten Kolonne (☺)?

....

....

....

....

Ihre Schlussfolgerungen

Diese Lernsituationen entsprechen mir:

....

....

....

....

Folgende Vorgehensweisen werde ich ausprobieren:

....

....

....

....

Halten Sie Ihre Erfahrungen in Ihrem Lerntagebuch oder am Schluss des Buches (S. 94) fest.

Sozialkompetenz

Zusammenarbeiten

Wie lernen wir mit- und voneinander?

> Jan lernt fast nur mit seinen Freunden zusammen. Sie treffen sich regelmäßig, um die Aufgaben zu machen, diskutieren dabei aber auch über Tagesereignisse, Sport und die Marotten ihrer Lehrer und Mitschülerinnen.

Worum geht es?

Ist das gemeinsame Lernen auch Ihre bevorzugte Lernstrategie? Sind Sie mit den Ergebnissen zufrieden?

Viele Schülerinnen und Schüler arbeiten gerne zusammen und schätzen Gruppenarbeiten in der Schule. Die Zusammenarbeit bietet viele Vorteile: Die Ideen und Kenntnisse der Einzelnen ergänzen sich, wir können unsere Lücken erkennen und prüfen, was wir verstanden haben.

Beim gemeinsamen Lernen ergeben sich jedoch auch Probleme:

- Die Ergebnisse von Gruppenarbeiten können enttäuschend sein, wenn sich nicht alle Teilnehmenden dafür verantwortlich fühlen.
- Einzelne fühlen sich vielleicht ausgenutzt, wenn sie mehr einbringen, während die anderen nur abwarten.
- Manchmal dominieren Einzelne, bestimmen alles, während die anderen nur noch ausführen sollen.
- Für viele ist die Geselligkeit und das Zusammensein wichtiger als das Lernziel: Sie haben keine klaren Ziele, keinen Zeitplan, schweifen ab und reden über alles andere.
- Nicht alle Arbeiten lassen sich gemeinsam besser erledigen; meist ist ein Wechsel zwischen Einzel- und Gruppenarbeit sinnvoll.
- Manchmal ist das Bedürfnis nach Übereinstimmung größer als der Wunsch, die beste Lösung zu finden.
- Viele haben nicht gelernt, mit Konflikten umzugehen.

Auch wenn Sie am liebsten und am besten im Austausch mit anderen lernen, ist nicht zu empfehlen, alle Aufgaben gemeinsam anzugehen. Manche Arbeiten können wir allein besser bewältigen. Dazu gehört beispielsweise das konzentrierte Lesen, die erste Auseinandersetzung mit einem neuen Stoff, das Formulieren, das Sammeln von Ideen, die dann anschließend ausgetauscht werden.

Wir machen uns leicht vor, dass wir etwas verstanden haben, wenn wir in der Gruppe zur richtigen Lösung gekommen sind; besser ist es deshalb, Übungsaufgaben auch allein zu lösen.

Wichtig ist auch im Unterricht eine »Kultur des Zuhörens«: Wenn Sie einen Beitrag geleistet haben, freuen Sie sich zu spüren, dass sich die anderen damit auseinandersetzen, Ihre Überlegungen ernst nehmen. Dies geht auch den andern so. Geben Sie Ihrem Klassenkameraden oder Ihrer Klassenkameradin eine Rückmeldung, wenn sie einen Vortrag gehalten haben, sagen Sie ihnen, was Sie gut fanden, was für Sie neu war oder was Sie nicht überzeugt hat.

In der Klasse werden viele Fragen nicht gestellt, weil manche Schülerinnen und Schüler denken, dass sie zu dumm sind, etwas zu kapieren, während andere gar nicht merken, was sie nicht verstanden haben. Wenn Sie selber fragen und zugeben, dass Sie etwas nicht wissen, ermutigen Sie auch Ihre Klassenkameraden, Verständnisfragen zu stellen. Es hilft ihnen auch, wenn Sie bei ihren Fragen aufmerksam zuhören und vielleicht bestätigen, dass Sie dadurch erst auf ein Problem aufmerksam gemacht wurden.

Wir müssen lernen mit Kritik umzugehen; dies bedeutet einerseits selbst so Rückmeldungen zu geben, dass die anderen davon profitieren, andererseits auf Einwände nicht gekränkt zu reagieren, sondern sich damit auseinander zu setzen.

Vielen Menschen fressen ihren Groll in sich hinein oder schimpfen mit Drittpersonen, wenn sie von Kommentaren oder Handlungen von Kollegen, Kolleginnen oder Lehrpersonen verletzt sind. Dies belastet die Beziehung und führt auch leicht dazu, dass ihnen irgendwann »der Kragen platzt« und sie plötzlich auf eine Kleinigkeit übertrieben reagieren. Wenn Sie verletzt oder verärgert sind, ist es deshalb besser, das Problem möglichst bald im direkten Gespräch zu klären.

Bei der Zusammenarbeit sind auch die persönlichen Beziehungen wichtig. Es geht ja nicht nur um Leistung, sondern auch darum, sich wohl zu fühlen. Dies ist der Fall, wenn wir sowohl während der Arbeit die Gefühle der andern respektieren als auch während der Pausen und nach Abschluss miteinander umgehen, reden und lachen können.

Wenn wir Sorgen haben, uns beispielsweise ein Konflikt mit den Eltern belastet oder wir unsicher sind, ob der eingeschlagene Ausbildungsweg der richtige ist, kann uns ein Gespräch mit einem Freund, einer Lehrerin oder einem Psychologen helfen.

Prüfen Sie die nachfolgenden Lösungsansätze bei Konflikten:

Lösungsansätze bei Konflikten

- Sie können Schuldzuweisungen oder Missverständnisse vermeiden und Sympathien gewinnen, indem Sie mutig zu Ihren Ideen, Ansprüchen und Gefühlen stehen. Zum Beispiel: »Ich bin enttäuscht, weil ...« statt »das versteht man nicht«.
- Wichtig ist, dass alle einander aufmerksam zuhören und versuchen, die einzelnen Beweggründe und Argumente zu verstehen. Prüfen können Sie dies, wenn Sie die Aussagen der andern mit Ihren eigenen Worten formulieren. (»Habe ich dich richtig verstanden, dass du den Sachverhalt so siehst?«)
- Suchen Sie nach Lösungen, die alle akzeptieren können.
- Erwarten Sie weder von sich selbst noch von anderen Vollkommenheit.
- Nicht alle haben die gleichen Werte und Ziele; wichtig ist es, tolerant gegenüber anderen Kulturen zu sein.

Auch in den Beziehungen zu den Lehrern und Lehrerinnen können viele Probleme entstehen und unseren Alltag belasten. Sprechen Sie die betreffende Lehrperson einzeln oder als Gruppe darauf an, wenn Sie sich ungerecht behandelt fühlen oder mit einem Vorgehen nicht einverstanden sind. Dies fällt oft nicht leicht, kann aber verhindern, dass sich Fronten aufbauen und negative Gefühle verselbstständigen.

Es kommt auch vor, dass Lehrpersonen bestimmte Schüler und Schülerinnen bevorzugen, während andere einfach nichts richtig machen können. Wenn die »Chemie« zwischen Ihnen und einer Lehrerin oder einem Lehrer nicht stimmt, hilft es nicht, wenn Sie diese aus Verärgerung noch provozieren oder einfach gar nichts mehr für deren Fach tun. Wenn Sie mit der betreffenden Lehrperson nicht darüber reden können, suchen Sie eine andere Ansprechperson und versuchen Sie vielleicht, sich über andere Quellen (Bücher, interessierte Schüler, Internet, Nachhilfe) in dem Fach zu verbessern, um unabhängig zu werden.

Lerngruppen

Das gemeinsame Lernen ist eine gute Lernstrategie und hilft zudem dem Austausch von Lerntipps. Es ermöglicht die Unabhängigkeit von Lehrpersonen und den Aufbau von eigener Kompetenz.

Wichtig sind jedoch, neben einem sinnvollen Wechsel zwischen Einzel- und Gruppenarbeit, klare Zielsetzungen und die Einigkeit über die gemeinsame Arbeitsweise. Viele Gruppen scheitern daran, dass die unausgesprochenen Erwartungen zu stark voneinander abweichen.

Lerngruppen erleichtern den Überblick und eine Schwerpunktsetzung. Sie helfen bei der Zeitplanung, wenn die Treffen gut vorbereitet sind und Zwischenziele gesetzt werden. Ein bewährtes Vorgehen beim Lernen auf eine Prüfung besteht darin, dass alle sich vorher schriftliche oder mündliche Fragen überlegen. Beim Treffen werden die Fragen gegenseitig gestellt und so die Prüfung geübt. Dies hilft sowohl dem Lernen als auch dem Angstabbau.

Wenn eine große Arbeit ansteht, können Sie überlegen, wie sich die Aufgaben aufteilen lassen: Können die einzelnen Gruppenmitglieder Teilgebiete bearbeiten? Können die zu bearbeitenden Bücher aufgeteilt und Zusammenfassungen erstellt werden?

Lernpartnerschaften

Lernpartnerschaften (mit zwei Lernenden) sind leichter zu organisieren und bieten viele Vorteile, gerade auch bei der Entwicklung von Lernstrategien und bei der Diskussion von Lernerfahrungen. Solche Lernpartnerschaften können über längere Zeit bestehen bleiben; die beiden Lernenden fragen sich dabei gegenseitig ab, erklären einander Unverstandenes und geben sich Rückmeldungen zu Arbeiten und Vorgehensweisen. Positiv für beide wirkt es sich aus, wenn sie einander einen komplizierten Sachverhalt in eigenen Worten erklären.

Beim Formulieren und im Gespräch wird vieles klarer. Wenn beide ein Lerntagebuch führen (vgl. das Kapitel »Sich kennen lernen«, S. 13), können sie ihre Eintragungen einander zeigen und sich Rückmeldungen geben.

Die nachfolgende Checkliste fasst einige wichtige Aspekte von Lerngruppen zusammen und ermöglicht Ihnen, zu prüfen, wo Sie stehen und wie Sie Ihre Zusammenarbeit allenfalls noch befriedigender gestalten können.

Checkliste Lerngruppen Zwischenbilanz

Es bedeutet:

☺ Ja   😐 Teilweise   ☹ Nein

☺ 😐 ☹

Sind wir uns über die Ziele einig? ☐☐☐
Haben wir den Ablauf und die Reihenfolge der Arbeiten geklärt? ☐☐☐
Ist die Aufgabenverteilung klar? ☐☐☐
Arbeiten alle aktiv mit? ☐☐☐
Fühlen sich alle sowohl für sich selbst als auch für die Gruppe verantwortlich? ☐☐☐
Fühlen wir uns in der Gruppe wohl? ☐☐☐
Respektieren wir einander, haben wir Vertrauen zueinander? ☐☐☐
Hören wir einander zu? ☐☐☐
Können wir mit Konflikten umgehen? ☐☐☐
Können wir Kritik offen aussprechen? ☐☐☐
Hat sich unsere Arbeitsplanung bewährt? ☐☐☐
Haben wir das Zwischenziel erreicht? ☐☐☐
Haben wir Ablenkungen vermieden? ☐☐☐
Sind wir beim Thema geblieben? ☐☐☐
Sind wir mit dem Erreichten zufrieden? ☐☐☐
Werden die Vereinbarungen eingehalten? ☐☐☐
Tragen alle die Entscheidungen mit? ☐☐☐

Was wollen wir verbessern?

Wie wollen wir dabei vorgehen?

Diskussionen

Wie machen wir uns verständlich?

Worum geht es?

Diskussionen haben viele Vorteile: Sie zeigen uns andere Sichtweisen, geben uns Anregungen und helfen uns beim aktiven Verarbeiten des Lernstoffes. Vieles wird uns klarer, wenn wir unsere Gedanken in Worte fassen und anderen mitteilen. Im Gespräch können wir Konflikte lösen, unsere Fragen vorbringen und Antworten prüfen. Allerdings ergeben sich alle Vorteile nicht automatisch; es können auch Probleme entstehen.

Welche Probleme können bei Diskussionen entstehen?

- Vor allem bei größeren Gruppen beteiligen sich nicht alle im gleichen Ausmaß. Oft reden immer dieselben: einige können nicht mehr aufhören, andere trauen sich nicht, sich zu melden.
- Nicht alle können sich gleich gut ausdrücken. Es besteht die Gefahr, dass sie nicht angehört oder unterbrochen werden.
- In jedem Gespräch sind Gefühle mitbeteiligt; sie können unsere Wahrnehmung verzerren und unser Verhalten beeinflussen.
- Manche verwechseln eine Diskussion mit einem Machtkampf oder einem Wettbewerb mit Siegern und Besiegten. Können sie die anderen nicht überzeugen, werden sie ausfallend.
- Es ist nicht einfach, kritisch zu bleiben und zwischen Tatsachen und Meinungen zu unterscheiden – vor allem, wenn mehrere Gesprächsteilnehmende sich einig sind.

Die folgenden Tipps können helfen, Diskussionen befriedigend und erfolgreich zu gestalten:

10 Tipps für Diskussionen

❶ Üben Sie das Leiten einer Diskussion.
Wenn mehr als fünf Personen an einer Diskussion teilnehmen, kann eine davon die Leitung übernehmen. Die Leiterin oder der Leiter behält vor allem das Diskussionsziel im Auge, leitet zum nächsten Thema über, wenn ein Punkt abgeschlossen ist und sorgt dafür, dass alle gleichermaßen zu Wort kommen und angehört werden.

❷ Die Diskussion muss vorbereitet sein.
Bei spontanen Diskussionen bestimmt in der Regel der erste Beitrag den weiteren Verlauf. Wenn möglichst viele unterschiedliche Sichtweisen und Argumente ausgetauscht werden sollen, ist es deshalb besser, wenn sich alle Teilnehmenden vorher mit dem Thema auseinander setzen, allfällige Unterlagen durcharbeiten, ihre Gedanken sammeln.

❸ Alle Teilnehmenden sind gleichberechtigt.
Nur wenn alle Teilnehmenden gleichberechtigt sind, kommt es zu einem echten Gedanken- und Meinungsaustausch. Dann können alle ihre Meinung vertreten und allen wird zugehört.

❹ Kurz sprechen und beim Thema bleiben.
Die Teilnehmenden überlegen zuerst, was sie sagen wollen, bevor sie sich zu Wort melden.

❺ Höflichkeit erleichtert die Diskussion.
Niemand wird unterbrochen, alle können ausreden. Seitengespräche sind zu vermeiden; wenn sie doch stattfinden, können die anderen anschließend einbezogen werden.

❻ Gefühle ernst nehmen.
Wie in jeder Situation werden unsere Wahrnehmungen und unser Denken auch in einer Diskussion von unseren Gefühlen beeinflusst: dies können beispielsweise Sympathien oder Abneigungen, die wir anderen Teilnehmenden entgegenbringen, sein, unser Wunsch, von der Gruppe akzeptiert zu werden, die Angst, abgelehnt zu werden, etwas Falsches zu sagen oder nicht alles zu verstehen. Wenn wir diese Gefühle wie auch Störungen, Verletzungen und Verunsicherungen nicht unterdrücken, gelingt es uns eher, zwischen unseren Gedanken zum diskutierten Thema und den Gefühlen, die sich aus der Situation ergeben, zu trennen.

❼ Das Thema steht im Mittelpunkt.
Dieser Punkt ist kein Widerspruch zu Punkt 6, sondern eine Folge davon: Wir bemühen uns, die Ausführungen oder Einwände auch von jenen Gruppenmitgliedern sachlich zu prüfen, die wir vielleicht weniger mögen, und sie ohne abfällige Bemerkungen oder persönliche Angriffe zu beantworten.

❽ Toleranz gegenüber anderen Meinungen.
Manche Menschen verknüpfen ihr Selbstwertgefühl mit der Frage, ob sie in einer Diskussion die andern dazu bringen können, auf ihre Meinung umzuschwenken; gelingt ihnen dies nicht, werden sie ausfallend. Auch wenn wir die Meinungen der anderen respektieren und prüfen, können wir zu unseren eigenen Ansichten stehen. Andererseits zeigen wir Größe, wenn wir unsere Meinung auch ändern können, statt wider besseren Wissens darauf zu beharren.

❾ Niemand wird zum Sprechen gezwungen, aber alle haben Gelegenheit dazu. Auch in kleineren Gruppen finden sich schüchterne Teilnehmende, die sich selten oder nie zu Wort melden. Anfangsängste können abgebaut werden, wenn sich beispielsweise alle über ein Spezialgebiet Informationen beschaffen und dann als Experte oder Expertin den anderen ihre Kenntnisse vermitteln. Manchen fällt es auch leichter, abschließend als Sprecher oder Sprecherin der Gruppe die Ergebnisse der Diskussion zusammenzufassen und weiterzugeben.

❿ Kritisch bleiben.
Kritische Teilnehmende unterscheiden bei ihren Aussagen zwischen persönlichen Meinungen und Tatsachen. Sie bemühen sich, Gründe für Behauptungen anzugeben und klar zu machen, ob es sich um eine gesicherte Erkenntnis oder nur eine Vermutung handelt. Dies gilt auch für die Prüfung der Beiträge der anderen Diskussionsteilnehmenden: Bevor wir unsere Meinung ändern, fragen wir uns, ob die Argumente wirklich stichhaltig sind.

Je mehr Personen einer Meinung oder Lösung zustimmen, desto schwieriger wird es für Einzelne, eine abweichende Meinung zu vertreten, auch wenn er oder sie davon überzeugt ist. Es ist jedoch befriedigender, wenn wir zu unseren Einsichten und Gefühle stehen.

Am Schluss kann der oder die Leitende, die ganze Gruppe oder eine mit der Beobachtung beauftragte Person Bilanz ziehen; dies muss nicht eine gemeinsame Meinung sein, sondern kann allenfalls auch in der Darstellung der verschiedenen Standpunkte bestehen. Auch dazu können die Teilnehmenden Rückmeldungen geben.

Zweifellos ist es nicht einfach, alle diese Spielregeln einzuhalten. Auch das Diskutieren muss geübt werden.

Ein guter Ansatz dazu kann es auch sein, eine Diskussion in der Klasse oder in einer Gruppe auf Video (entsprechende Installationen sind in vielen Schulen vorhanden) oder Tonband aufzunehmen. Anschließend wird gemeinsam geprüft, ob die wichtigsten Regeln beachtet wurden, wie zufrieden die Gruppe mit ihrem Verhalten ist und welche Änderungen allenfalls bei der nächsten Diskussion vorgenommen werden sollen.

Voraussetzungen

Gesundheitsförderndes Verhalten

Was kann ich für meine Gesundheit tun?

Wenn wir gesund und fit sind, sind wir auch geistig leistungsfähig. Fühlen wir uns dagegen verspannt, müde, hungrig, krank oder einsam und unverstanden, können wir uns kaum auf den Lernstoff konzentrieren.

Während die Lernstile individuell verschieden sind und ein Lernziel auf viele Arten erreicht werden kann, gibt es klare Erkenntnisse, welche Verhaltensweisen der Gesundheit förderlich sind und welche nicht.

Über diese Verhaltensweisen wird viel geschrieben; sie werden auch immer wieder im Fernsehen und in der Schule thematisiert.

Sicher wissen auch Sie bereits sehr viel darüber. Prüfen Sie deshalb zunächst mit dem Fragebogen auf der nächsten Seite selbst, wie gut Sie informiert sind und wie Sie Ihr Wissen umsetzen.

Auswertung

Die ersten beiden Kolonnen zeigen, wie gut Ihr Informationsstand ist: Die richtigen, gesundheitsfördernde Verhaltensweisen sind die folgenden: a, c, e, g, h, i, m, p, q, v, x, die anderen sind falsch. Wie viele der 26 Aussagen haben Sie korrekt als richtig oder falsch erkannt?

Summe der korrekt angekreuzten Aussagen:

....

23 – 26   Sie sind gut über gesundheitsfördernde Verhaltensweisen informiert und benötigen keine weiteren Informationen.

17 – 22   Sie wissen einiges über gesundheitsfördernde Faktoren. Mit den nachfolgenden Zusatzinformationen können Sie Ihr Wissen ergänzen.

0 – 16   Ihnen fehlen wichtige Kenntnisse über gesundheitsfördernde Faktoren. Es ist in Ihrem Interesse, sich besser zu informieren.

Prüfen Sie jetzt die Übereinstimmung mit der 3. Kolonne: Wie stimmt Ihr Verhalten mit den richtigen Verhaltensweisen überein?

☐ Ich verhalte mich weitgehend gesundheitsfördernd.
☐ Ich bin recht zufrieden, könnte aber noch mehr tun.
☐ Ich habe bisher in dieser Hinsicht zu wenig getan.

Ich will in Zukunft mehr achten auf:

....

....

....

Gesundheits-Check von a–z

Kreuzen Sie an, welche der folgenden Aussagen Sie für richtig halten und was Sie selbst tun.

👍 richtig   👎 falsch   ✍ mach ich

		👍	👎	✍
a	Regelmäßig Sport treiben	☐	☐	☐
b	Wenig schlafen	☐	☐	☐
c	Viel trinken	☐	☐	☐
d	Möglichst viel essen	☐	☐	☐
e	Auf ausgewogene Ernährung achten	☐	☐	☐
f	Keine Zeit mit Pausen verlieren	☐	☐	☐
g	Auf normales Körpergewicht achten	☐	☐	☐
h	Auf fettarme Ernährung achten	☐	☐	☐
i	Täglich frisches Gemüse, Salate, Früchte essen	☐	☐	☐
j	Vollkornprodukte meiden	☐	☐	☐
k	Nur mit Alkohol in Stimmung kommen	☐	☐	☐
l	Beruhigungsmittel gegen Prüfungsangst einnehmen	☐	☐	☐
m	Mehrere Zwischenmahlzeiten einnehmen	☐	☐	☐
n	Erst essen, wenn ich großen Hunger habe	☐	☐	☐
o	Rauchen	☐	☐	☐
p	Hobbys pflegen	☐	☐	☐
q	Mit anderen etwas unternehmen	☐	☐	☐
r	Bis spät in die Nacht lernen	☐	☐	☐
s	Mich nur fürs Lernen interessieren	☐	☐	☐
t	Möglichst schnell essen	☐	☐	☐
u	Anstrengungen vermeiden	☐	☐	☐
v	Gefühle zeigen	☐	☐	☐
w	Nach dem Essen gleich wieder lernen	☐	☐	☐
x	Zeit zur Entspannung haben	☐	☐	☐
y	Ärger in mich hineinfressen	☐	☐	☐
z	Mich möglichst wenig bewegen	☐	☐	☐

Zusatzinformationen

Ernährung

Wie und was wir essen, beeinflusst nicht nur, ob wir uns wohl fühlen und gesund bleiben, sondern auch, wie gut wir lernen können. Allgemein bekannt und viel diskutiert ist die Tatsache, dass ein großer Teil der Bevölkerung in den westlichen Industriestaaten zu viele Kalorien aufnimmt, sich zu wenig bewegt und immer mehr Übergewicht mit sich herumschleppt.

Alle vorwiegend sitzend Tätigen – und somit praktisch alle Schülerinnen und Schüler – sollten Gemüse, Salate, ungekochte Früchte, Milch und Milchprodukte, wie Quark und Joghurt bevorzugen.

Dies ist oft nicht einfach. Nach fünf oder sechs Unterrichtsstunden möchten viele einfach möglichst schnell ihren Hunger stillen und besorgen sich an Esswaren, was gerade erreichbar und nicht zu teuer ist. Besser als erst dann große Mengen zu essen, wenn wir sehr hungrig sind, ist es, zwischen Frühstück, Mittag- und Abendessen kleine Zwischenmahlzeiten (z.B. Obst, Joghurt) und Getränke zu sich zu nehmen. Dann spüren wir auch eher, was wir brauchen und können das Essen genießen. Über den ganzen Tag verteilt sollten wir zudem immer wieder genügend trinken.

Auch die Umgebung und der Rahmen spielt eine Rolle: Nehmen Sie sich Zeit zum Essen und zum Entspannen, machen Sie nach einer Hauptmahlzeit vielleicht einen Spaziergang und kehren Sie nicht sofort zur Arbeit zurück.

Manche Jugendliche wie Erwachsene neigen dazu, Ängste, Ärger oder Frustrationen mit Süßigkeiten, Alkohol, Drogen oder Tabletten zu kompensieren. Da diese Gefühle damit nur vorübergehend betäubt, aber nicht bewältigt sind, geraten sie leicht in einen Teufelskreis oder in eine Sucht. Wir müssen lernen, die negativen Gefühle wahrzunehmen, darüber zu sprechen, nach Auswegen zu suchen.

Schlaf

Den besten Gebrauch von unseren Fähigkeiten können wir machen, wenn wir genügend geschlafen haben. Auch der Zeitpunkt, zu dem wir schlafen, spielt eine Rolle, da der menschliche Organismus in Abhängigkeit von der Tageszeit eher auf Aktivität oder auf Erholung bzw. Schlaf eingestellt ist. Zahlreiche Messungen über Reaktionsbereitschaft, Aufmerksamkeit und Müdigkeitsgefühle zeigen, dass die Leistungsbereitschaft am Vormittag und späteren Nachmittag deutlich größer ist als am frühen Nachmittag und vor allem in den Nachtstunden.

Man weiß heute auch, dass der Schlaf für die Gedächtnisbildung wichtig ist. Werden die Lernleistungen von Versuchspersonen verglichen, die nach dem Lernen unterschiedliche Tätigkeiten ausführten, zeigt sich, dass jene am meisten behalten haben, die nur schliefen. Schlaftabletten stören dagegen die Gedächtnisbildung.

Dies heißt aber nicht, dass wir in Panik geraten sollen, wenn wir einmal schlecht schlafen. Viele Lernende sind vor einer wichtigen Prüfung nervös und können vor Aufregung nicht einschlafen – umso mehr als sie sich sagen, dass sie unbedingt genügend schlafen müssen, um frisch zu sein. Bei hoher Motivation – die ja bei Prüfungen gewährleistet ist – können wir unsere Reserven mobilisieren und werden keine Auswirkungen von Schlafmangel spüren.

Bewegung

Bewegungsmangel ist ein Hauptgrund für Zivilisationskrankheiten. Aber nicht nur für die Gesundheit, auch für die Zufriedenheit und Ausgeglichenheit ist regelmäßige Bewegung wichtig.

Bei einem langen Spaziergang, beim Langlaufen, Joggen oder Radfahren können wir Erfahrungen und Auseinandersetzungen verarbeiten, Belastungen abreagieren, Rückschau halten, Pläne machen und unsere Gedanken ordnen. Andere Sportarten wie Fußball, Tennis oder Klettern bringen uns ganz in die Gegenwart und lassen uns den Augenblick erleben.

Prüfen Sie, welche Sportart Ihnen liegt und woran Sie Freude haben, was Ihnen hilft abzuschalten, einen Ausgleich zu schaffen. Am leichtesten können Sie gute Vorsätze für mehr Bewegung umsetzen, wenn Sie sich regelmäßig verabreden oder zu einem Kurs anmelden.

Natürlich ist es nicht einfach, dafür neben der Ausbildung noch Zeit zu finden. Falls dies für Sie ein Problem ist, prüfen Sie das Kapitel »Zeitplanung« für eine Planung, die Ihren Bedürfnissen entspricht.

Konzentration

Wie kann ich mich besser konzentrieren?

> Anja hat sich vorgenommen, die fällige Englisch-Übersetzung möglichst schnell zu erledigen. Nach einer halben Stunde »raucht« ihr Kopf und sie würde eigentlich gerne eine Pause einschalten. »Dazu habe ich keine Zeit«, beschließt sie aber und arbeitet weiter. Immer öfter und länger blättert sie umständlich in ihrem Wörterbuch, kritzelt Männchen auf ihr Notizblatt und ertappt sich dabei, dass sie gedankenverloren aus dem Fenster starrt.

Worum geht es?

Wer kennt nicht Erzählungen über bekannte Persönlichkeiten – sei es nun Napoleon oder Präsident Kennedy – die angeblich nicht nur ungeheure Tagespensen bewältigten, sondern auch mehrere Aufgaben gleichzeitig erledigen konnten. Es ist jedoch ein Märchen, dass Menschen mehrere Dinge gleichzeitig gut machen können und wir dies anstreben sollten. Viele Klagen über Konzentrationsstörungen ergeben sich aus falschen Vorstellungen über die menschliche Leistungsfähigkeit und die Funktion des Gehirns.

Wissenschaftliche Untersuchungen zeigen, dass

- eine höchste Konzentration nur während kurzer Zeit aufrechterhalten werden kann; es ist deshalb wichtig, dass rechtzeitig Pausen eingeschaltet werden;
- die Konzentration umso schneller nachlässt, je intensiver und einseitiger die Aufmerksamkeit beansprucht wird;
- bei zu langen Arbeitszeiten die Stundenleistung sinkt – wir arbeiten nur noch auf »Sparflamme«, um überhaupt durchhalten zu können;
- eine Konzentration auf zwei Dinge zur gleichen Zeit unmöglich ist. Bei mehreren »gleichzeitigen« Anforderungen muss die Aufmerksamkeit in rascher Folge hin- und hergelenkt werden.

Wir alle kennen die Bilder von Hochleistungssportlern oder Artisten, die sich vor ihrem Einsatz oder Auftritt sammeln, ihn im Geiste durchgehen und dabei die Reize von außen völlig ausschalten. Konzentration ist lernbar.

Es ist besser und befriedigender, sich einer Tätigkeit ganz zuzuwenden, sich zu vertiefen und dabei auch positive Gefühle zu entwickeln und zu Erfolgserlebnissen zu kommen, als mehrere Dinge halbherzig zu tun. Wir brauchen beides: die Anspannung, das intensive Dabeisein, um unsere Ziele zu erreichen, und die Entspannung, die freie Zeit, um zu genießen und auszuruhen.

Wichtig ist, dass wir selbst entscheiden, wann wir uns konzentrieren wollen und wann abschalten möglich ist; mit Vorteil tun wir dies natürlich nicht gerade dann, wenn die wichtigsten Informationen übermittelt werden.

Konzentrationsverlauf

»Wenn ich mich besser konzentrieren könnte, würde ich nicht so lange über meinen Hausaufgaben sitzen«, klagt Markus einem Lehrer. »Schreib doch einmal auf, wie du arbeitest«, rät dieser. Das Protokoll des ersten Nachmittags ist unten abgebildet.

Wie das Beispiel zeigt, hilft eine Selbstbeobachtung festzustellen, wann und unter welchen Bedingungen Konzentrationsprobleme auftreten.

Der Ablaufplan auf der nächsten Seite dient Ihrer eigenen Beobachtung. In der Kolonne »Tätigkeit« halten Sie fest, was Sie getan haben, und in der Kolonne »Intensität«, wie konzentriert Sie bei der Sache waren: je nachdem, in welchem Verhältnis das Lernergebnis zur verstrichenen Zeit stand, füllen Sie ein, zwei, drei oder alle vier Kästchen schwarz aus.

Beispiel zum Konzentrationsverlauf

Bis um	Zeit	Tätigkeit	Intensität*
13.00	30	Essen	
13.30	30	Sportteil Zeitung lesen, Radio an	
13.45	15	Diskussion mit Bruder (Sport)	
14.10	25	Brüten über leerer Seite des Aufsatzheftes	☐☐☐☐
14.30	20	Durchblättern Notizen / Unterlagen für Geschichtsprüfung	■☐☐☐
14.50	20	Radio abgestellt, Mathematikaufgaben	■■■☐
15.15	25	Telefon mit Freund, Diskussion Film und Aufsatzthema	
15.40	25	Notizen zum Aufsatz	■■☐☐
16.00	20	Weiter am Aufsatz, gestört von Sportreportage, die Bruder nebenan sieht	■☐☐☐
16.30	30	Zwischenimbiss, Sportreportage	
	usw.		

* Erläuterung s. S. 38

Formular Konzentrationsverlauf

Bedeutung der Kästchen Intensität

☐☐☐☐ = Die Zeit ist ungenutzt verstrichen.

■☐☐☐ = Bei konzentrierter Arbeit hätte ich das gleiche Ergebnis in einem Viertel der Zeit erreichen können.

■■☐☐ = Bei konzentrierter Arbeit wäre das Ergebnis in der halben Zeit zu erreichen gewesen.

■■■☐ = Ich habe gut gearbeitet. Bei optimalem Einsatz hätte ich nur drei Viertel der Zeit aufwenden müssen.

■■■■ = Ich habe so intensiv gearbeitet, dass ich in der gegebenen Zeit nicht mehr hätte erreichen können.

Die Spalte »Bemerkungen« nimmt alle Angaben auf, die für das Verständnis des Ablaufes erforderlich sind.

Konzentrationsverlauf				Datum: _____
Bis um	Dauer (Min.)	Tätigkeit	Intensität	Bemerkungen
			☐☐☐☐	
			☐☐☐☐	
			☐☐☐☐	
			☐☐☐☐	
			☐☐☐☐	
			☐☐☐☐	
			☐☐☐☐	
			☐☐☐☐	
			☐☐☐☐	
			☐☐☐☐	
			☐☐☐☐	

Wenn Sie das Formular ausgefüllt haben, beantworten Sie die Fragen auf der nächsten Seite.

Kontrollfragen zum Konzentrationsverlauf

Welches sind meine größten Konzentrationsprobleme?

....

....

Zu welchen Zeiten kann ich mich am besten konzentrieren?

....

....

Wann kann ich ungestört an anspruchsvollen Aufgaben arbeiten?

....

....

Welches sind die wichtigsten Störfaktoren?

- [ ] Lärm
- [ ] Andere Menschen
- [ ] Telefone
- [ ] Schlechte Arbeitsbedingungen
- [ ] Müdigkeit
- [ ] Andere Gedanken / Probleme
- [ ] Mangelndes Interesse
- [ ] ....

Wie lange kann ich mich konzentrieren?

....

Was will ich ändern?

....

Einige Tipps zur Förderung der Konzentration

- Abwechslung erleichtert die Konzentration. Wenn wir beispielsweise längere Zeit für ein bestimmtes Fach lernen, wechseln wir zwischen lesen und schreiben, eigene Fragen stellen und Skizzen anfertigen, zwischen arbeiten und abschalten. Nach den Unterrichtsstunden brauchen wir zuerst Entspannung, Erholung, ein Gespräch oder Bewegung.
- Die Konzentration ist leichter und die Arbeit intensiver, wenn wir einen klaren Beginn und ein Ende festlegen und die Anfangs- und Schlusszeiten notieren. Andernfalls kann es leicht passieren, dass wir den Beginn immer wieder aufschieben und uns ständig unterbrechen.
- Wir versuchen, die persönlichen »Ablenker« (Hunger, Wetter, Konflikte mit anderen?) zu erkennen und zu prüfen, wie wir mit ihnen umgehen können (wann will ich mich damit befassen, wie kann ich sie während des Lernens ausschalten?).
- Auch die äußeren Bedingungen können die Konzentration fördern oder behindern. Viele haben Angst, etwas zu verpassen, wenn sie das Handy abstellen und nicht immer erreichbar sind. Wenn Sie in der Bibliothek lernen, suchen Sie am besten eine ruhige Nische und setzen sich nicht zu den Freunden.
- Untersuchungen zeigen, dass es einen Zusammenhang gibt zwischen der Fähigkeit, sich zu konzentrieren und sich zu entspannen. Entspannungstechniken wie »Traumreisen« oder »Autogenes Training« werden in manchen Schulen, beim Sporttraining oder von Volkshochschulen oder Privatschulen angeboten.
- Da höchste Konzentration nur während kurzer Zeit aufrechterhalten werden kann, ist es wichtig, rechtzeitig Pausen einzuschalten. Je intensiver und einseitiger die Belastung ist, desto kürzer sollten die Etappen sein. Dies gilt natürlich auch während des Lernens. Die Pausen können Sie – je nach Länge – für ein kurzes Abschalten, tief Luft holen, zum Trinken oder für Bewegung (einige Treppen steigen, um den Block rennen, Lockerungs- oder Turnübungen machen?) nutzen.

Übung Konzentration

Nehmen Sie an, dass Sie etwa drei Stunden arbeiten und folgende Aufgaben erledigen wollen:

- Aufsatz fertig schreiben (1 1/2 Stunden)
- Notizen vom Vormittag überarbeiten (15 Minuten)
- Vokabeln lernen (15 Minuten)
- Biologieprüfung vorbereiten (1 Stunde)

Sie beginnen um 14 Uhr. Überlegen Sie, welche Reihenfolge sinnvoll ist und wann Sie Pausen einschalten:

Art der Tätigkeit	Art und Dauer der Pausen

Vergleichen Sie Ihre Antwort mit dem Vorschlag auf S. 96.

Die Checkliste auf der nächsten Seite kann Ihnen als Zusammenfassung und zum Überprüfen Ihres Vorgehens dienen.

Checkliste Konzentration

	Ja	Nein
Habe ich einen Überblick über die anstehenden Aufgaben und deren Wichtigkeit?	☐	☐
Habe ich mir die beste Reihenfolge der Arbeiten überlegt?	☐	☐
Beginne ich dann mit der Arbeit, wenn ich es mir vorgenommen habe?	☐	☐
Vermeide ich es, ständig von einer Aufgabe zur andern zu wechseln?	☐	☐
Schalte ich rechtzeitig Pausen ein?	☐	☐
Habe ich Ablenkungen und Lärm ausgeschaltet?	☐	☐
Bin ich ausgeschlafen?	☐	☐
Berücksichtige ich meinen Tagesrhythmus?	☐	☐
Habe ich genügend Bewegung?	☐	☐
Respektieren meine Familienangehörigen meine Arbeitszeiten?	☐	☐
Bin ich für die Arbeit motiviert?	☐	☐
Nehme ich mir Zeit, bewusst von einer Tätigkeit zur andern umzustellen?	☐	☐
Wende ich mich immer nur einer Aufgabe zu?	☐	☐
Stimmen die äußeren Bedingungen?	☐	☐
Steht mir genügend Zeit zur Erledigung der Arbeiten zur Verfügung?	☐	☐
Bin ich von Konflikten unbelastet?	☐	☐
Sind meine Ziele erreichbar?	☐	☐
Kann ich in meiner freien Zeit abschalten und genießen?	☐	☐

Anzahl Nein: ____

Entscheiden Sie selbst, welche der folgenden Aussagen passt:

☐ Kein Wunder, dass ich mich nicht konzentrieren kann – unter diesen Bedingungen kann sich kein Mensch konzentrieren.
☐ Die Voraussetzungen für ein konzentriertes Arbeiten sind ungünstig. Wie könnte ich sie verbessern?
☐ Es sind zwar nicht alle Voraussetzungen erfüllt, aber ich kann mich trotzdem gut konzentrieren.
☐ Ich habe alles getan, um ein konzentriertes Arbeiten zu ermöglichen.

Was wollen Sie versuchen, wo wollen Sie ansetzen? Halten Sie Ihre persönlichen Schlussfolgerungen auf S. 94 fest.

Zeitplanung

Wie gehe ich mit meiner Zeit um?

> In zwei Wochen ist eine große Prüfung in Geschichte angesagt. Tanja und Melanie haben lange nichts mehr für das Fach getan. Melanie lernt in den nächsten acht Tagen täglich ein Teilgebiet, macht sich Notizen, frischt es am nächsten Tag nochmals auf und lernt dann das nächste. Am neunten und zehnten Tag wiederholt sie alles nochmals im Zusammenhang.
>
> Tanja verlässt sich auf das Wochenende vor der Prüfung. Sie lernt den ganzen Samstag, stellt aber am Abend voller Schrecken fest, dass sie viele Fragen nicht beantworten kann. Eine Verabredung für den Sonntag sagt sie deshalb ab und brütet weiter über ihren Büchern. Insgesamt hat sie etliche Stunden mehr fürs Lernen aufgewendet als Melanie; trotzdem schneidet sie an der Prüfung wesentlich schlechter ab.

Es gibt nur wenige Menschen in unserer Gesellschaft, die sich nicht zumindest gelegentlich über Zeitmangel beklagen. Dennoch wehren sich viele dagegen, ihre Zeit besser einzuteilen, bewusster damit umzugehen.

Schülerinnen und Schüler, die im Unterricht aktiv mitmachen, gelten als Streber, obwohl dies mit Sicherheit die rationellste Lernmethode ist. Das Gleiche gilt für jene, die rechtzeitig mit ihren Aufgaben beginnen: Die Lernpsychologie zeigt, dass sie auf diese Weise schneller aufnehmen und besser behalten und somit letztlich weniger Zeit aufwenden müssen als andere, die im letzten Moment einen Marathon einlegen.

Entscheidend ist ja nicht, wie viele Stunden wir lernen oder arbeiten, sondern wie gut wir dies tun.

Seine Zeit zu planen, gilt nicht als »cool«. »Ich habe ohnehin nur wenig freie Zeit. Die will ich genießen, ohne sie zu verplanen«, ist ein oft vorgebrachtes Argument. Eine gute Planung hilft aber nicht nur, die gestellten Aufgaben rechtzeitig fertig zu stellen, sondern auch, den Tagesablauf nach unseren Bedürfnissen zu gestalten. Ein wichtiger Schritt ist die Erkenntnis, dass wir zwar vieles verlangsamen oder vertrödeln, bestimmte Tätigkeiten jedoch nicht beschleunigen können; dazu gehören beispielsweise die systematische Auseinandersetzung, das kritische Hinterfragen, Nachdenken oder Formulieren. Beim Versuch, diese Tätigkeiten möglichst schnell zu erledigen, sparen wir meist keine Zeit, weil wir mit den Ergebnissen nicht zufrieden sind und sie immer wieder überarbeiten müssen.

Wie ist Ihre Beziehung zur Zeit?

- Gibt es Dinge, die Sie schon lange tun wollten, die Ihnen Freude machen würden, für die Ihnen aber immer wieder die Zeit fehlt?

  ☐ Nein
  ☐ Ja, nämlich

  ....

- Wie könnten Sie sich Zeit dafür verschaffen?

  ....

- Was würden Sie tun, wenn Sie Zeit geschenkt bekommen würden?

  ....

Checkliste Zeiteinteilung

Diese Checkliste soll Ihnen helfen, sich über den Umgang mit Ihrer Zeit klar zu werden.

	Ja	Nein
Wichtige Termine kann ich im Allgemeinen ohne besondere Anstrengung einhalten.	☐	☐
Längerfristige Arbeiten kann ich meistens rechtzeitig fertig stellen.	☐	☐
Auch vor wichtigen Prüfungen bleibt mir noch Zeit für Hobbys und Entspannung.	☐	☐
Bei größeren längerfristigen Arbeiten setze ich mir selbst Zwischenziele und Zwischenfristen.	☐	☐
Ich komme auch vor größeren Prüfungen ohne Sonder- und Nachtschichten aus.	☐	☐
Ich weiß zu Beginn einer Woche, welche Stunden ich für die Freizeit verwende.	☐	☐
Es gelingt mir, dann mit der Arbeit zu beginnen, wenn ich es mir vorgenommen habe.	☐	☐
Bei meiner Planung berücksichtige ich meinen Tagesrhythmus und erledige die anspruchsvollsten Arbeiten dann, wenn ich am leistungsfähigsten bin.	☐	☐
Ich habe eine Agenda oder ein Notizsystem, das mir einen Überblick über die dringendsten Aufgaben gibt.	☐	☐
Bei längeren Arbeiten schalte ich rechtzeitig Pausen ein.	☐	☐
Ich plane regelmäßig kurze Wiederholungsphasen für neu erworbene Lerninhalte ein.	☐	☐
Wenn ich meine Termine plane, setze ich ausreichende Reservezeiten ein.	☐	☐
Es gelingt mir im Allgemeinen, jene Dinge zu tun, die mir persönlich wichtig sind.	☐	☐
In meinem Tagesablauf bleibt mir genügend Zeit zur eigenen Gestaltung.	☐	☐

Summe Ja ____

Auswertung

Auf wie viele Ja-Antworten kommen Sie? Je größer die Zahl der Ja-Antworten, desto größer die Übereinstimmung zwischen Ihren Zielen und Bedürfnissen und Ihrer Zeiteinteilung.

10 – 14 Ja: Sie teilen Ihre Zeit sinnvoll ein und benötigen keine weiteren Ratschläge.
 6 – 9 Ja: Es gelingt Ihnen oft nicht, genügend Zeit für Ihre eigenen Bedürfnisse zu finden.
 0 – 5 Ja: Sie haben Ihre Zeit bisher kaum geplant. Eine bewusste Einteilung würde den Stress vermindern und Ihnen zu mehr Freizeit verhelfen.

Falls Sie mit Ihrer Zeitplanung nicht zufrieden sind, helfen Ihnen vielleicht die nachfolgenden Tipps.

Tipps für die Zeiteinteilung

Gehen Sie von Ihren eigenen Bedürfnissen und von Ihrem eigenen Rhythmus aus.

- Wissen Sie, wo Ihre Zeit bleibt? Es kann aufschlussreich sein, während ein oder zwei Wochen Buch über Ihren Tagesablauf zu führen und dies nachher auszuwerten.
- Überlegen Sie zu Beginn einer Woche oder beim Aufstellen eines Wochenplanes, welche planbaren Zeiten Sie für das Lernen, welche für Sport oder andere Freizeitaktivitäten reservieren und welche Sie frei halten wollen.
- Sind Sie eher ein Morgen- oder ein Abendmensch? Planen Sie anspruchsvolle Arbeiten zu den Tageszeiten, an denen Sie am leistungsfähigsten sind.
- Führen Sie eine Agenda, in die Sie auch Ihre eigenen Pläne und selbst gesetzten Termine eintragen. Nehmen Sie Ihre eigenen Termine genau so ernst wie die von anderen vorgegebenen.
- Verplanen Sie nicht die ganze Zeit. Lassen Sie genügend Reservezeiten frei.
- Setzen Sie sich nicht direkt nach dem Unterricht und nicht sofort nach dem Essen an die Aufgaben; Sie brauchen zuerst Entspannung oder etwas Bewegung.
- Nehmen Sie das Ganze nicht zu verbissen, sondern auch etwas spielerisch. Die Planung hat keinen Selbstzweck; sie soll realistisch sein und von Ihren Bedürfnissen ausgehen, sonst verlieren Sie schnell die Lust dazu.
- Schalten Sie beim Lernen und Arbeiten Verschnaufpausen, Entspannungs- oder Bewegungspausen ein (vgl. S. 40).
- Gibt es äußere Gründe, die Ihnen die Planung und das Lernen erschweren? Kann ein Gespräch mit dem Vorgesetzten oder der Lehrperson zu einer Verbesserung führen?

Mit einer guten Planung sparen Sie Zeit

- Gleich bleibende Lern- und Arbeitszeiten erleichtern die Planung.
- Überlegen Sie beim Planen, welches die wichtigsten und die dringendsten Arbeiten sind und reservieren Sie dafür die notwendige Zeit.
- Wenn Sie mit einer leichten, schnell zu bewältigenden Arbeit beginnen, gibt dies ein Erfolgserlebnis und Schwung.
- Vermeiden Sie es aber, alle Kleinigkeiten zuerst zu erledigen und die größeren, wichtigen, schwierigen Aufgaben immer vor sich herzuschieben. Sie benötigen dafür ja genügend Zeit, wenn Sie noch frisch sind.
- Unterteilen Sie längerfristige Arbeiten, notieren Sie die Etappen in Ihrer Agenda. Setzen Sie für die arbeitsintensiven Aufgaben rechtzeitig größere Zeitabschnitte ein.
- Planen Sie regelmäßig kurze Wiederholungsphasen für neu erworbenen Lernstoff ein. Vor allem bei Dingen, die auswendig gelernt werden müssen (fremdsprachige Vokabeln, Formeln, Daten etc.) ist eine baldige Wiederholung wichtig: am Schluss der Lernetappe, am nächsten Tag, nach einigen Tagen usw.

- Setzen Sie einen Zeitrahmen fest, während dem Sie intensiv arbeiten, und überlegen Sie vorher eine Belohnung. Wenn Sie etwas innerhalb des selbst gesteckten Rahmens erreicht haben, ist dies befriedigender als lange zu trödeln und aufzuschieben.
- Überlegen Sie auch dann, welche Stunden Sie fürs Arbeiten einsetzen wollen, wenn Sie (z.B. während der Ferien) genügend Zeit zur Verfügung haben. Sonst können Sie sich weder richtig auf die Arbeit konzentrieren, noch richtig abschalten.

Gehen Sie bewusst mit der Zeit um

- Vermeiden Sie Stress und Lernmarathons, indem Sie vor Prüfungen und größeren Arbeiten rechtzeitig beginnen.
- Sie vermeiden Unzufriedenheit mit sich selbst, wenn Sie dann zu lernen beginnen, wenn Sie es sich vorgenommen haben, und nicht noch lange trödeln oder auf Inspiration warten.
- Trainieren Sie Ihr Zeitgefühl: Schätzen Sie jeweils vor Beginn einer Arbeit, wie lange Sie dafür brauchen werden und kontrollieren Sie zum Schluss. Sie können auch einen Sport daraus machen und eine Stoppuhr verwenden.
- Überlange Lernetappen sind nicht rationell, weil Sie nicht mehr aufnahmefähig sind. Planen Sie vor allem beim Auswendiglernen häufigere kürzere Lernetappen. Teilen Sie große Arbeiten in kleine Portionen auf.
- Wenn Sie ein umfangreiches Gebiet lernen – beispielsweise bei der Vorbereitung auf eine große Prüfung – teilen Sie den Stoff auf, gehen Sie ihn in verschiedenen Etappen an und wiederholen Sie regelmäßig.

Die einzelnen Etappen sehen folgendermaßen aus:

- Zu Beginn wird der Stoff der Vorwoche kurz aufgefrischt,
- dann der Stoff des Vortages wiederholt.

- Das nächste Teilgebiet wird gelernt.

- Die neuen Notizen und das Verständnis werden geprüft
- und zum Schluss die nächste Lernetappe geplant.

- Versuchen Sie nicht, unbedingt noch etwas fertig zu stellen, obwohl Sie bereits zu müde sind oder ein anderer Termin wartet. Setzen Sie einen anderen Termin zur Fertigstellung ein.

Sie können Ihre Überlegungen und Schlussfolgerungen hier oder am Schluss des Buches (S. 94) festhalten.

....

....

....

Wissen erwerben

Lesen mit eigenen Zielen

Wie lerne ich aus Texten?

Worum geht es?

Die viel zitierte PISA-Studie zeigt, dass viele Jugendliche am Ende der obligatorischen Schulzeit nicht sicher lesen und keine längeren Texte oder schriftlichen Anweisungen verstehen können.

Selbstverständlich sind gute Lesefertigkeiten aber sowohl für die Ausbildung als auch zur Orientierung und Weiterbildung während des ganzen Lebens sehr wichtig. Wir müssen aus Texten lernen, uns kritisch damit auseinandersetzen, die Beziehung zu unserem bisherigen Wissen herstellen und Folgerungen für uns daraus ableiten können.

Viele glauben heute, dass sie durch Radio und Fernsehen auch ohne Lektüre über die wichtigsten Ereignisse informiert sind. Untersuchungen zeigen jedoch, dass auch Fernseh-Informationen von jenen Zuschauern besser verstanden und behalten werden, die das Hintergrundwissen durch Zeitungen und Bücher erworben haben.

Ein Hauptproblem besteht darin, dass wir Verstehen und Behalten gleichsetzen. Wenn wir etwas lernen wollen, reicht es aber nicht, es zu verstehen, es muss im Gedächtnis verankert werden.

Die Hauptschwierigkeiten lassen sich mit den folgenden Fragen aufzeigen:

- Wie wähle ich aus der großen Fülle von schriftlichen Unterlagen das Wichtigste aus?
- Wie kann ich beim Lesen meine eigenen Ziele im Auge behalten, und wie vermeide ich es, viel Zeit zu verlieren, indem ich mich ablenken lasse und Unwesentlichem nachspüre?
- Wie lerne ich am besten aus Büchern, wie kann ich mich intensiv mit einem Text auseinandersetzen?
- Wie vermeide ich, dass ich zwar mit den Augen Seite um Seite lese, davon aber so gut wie gar nichts aufnehme und behalte?
- Wie kann ich kritisch lesen und Texte hinterfragen?
- Wie kann ich neuen Lernstoff in Beziehung zu meinem bisherigen Wissen setzen?

Diese Hauptschwierigkeiten können wir nur teilweise beim Lesen selbst, sondern hauptsächlich durch eine gezielte Auswahl und eine gute Vor- und Nachbereitung überwinden.

Beim systematischen, lernenden Lesen empfehlen sich deshalb die folgenden Schritte:

6 Etappen beim systematischen Lesen von Fachtexten

1. Leseziel festlegen: Was will ich wissen, was muss ich lernen?

Es gibt für praktisch jedes Thema und zu jeder Fragestellung Unmengen von Informationen, sei es im Internet oder in gedruckter Form. Viel wichtiger als möglichst viele Texte möglichst schnell zu lesen, ist es, das eigene Leseziel festzulegen und die richtige Auswahl zu treffen. Dies gilt natürlich zunächst vor allem dann, wenn wir selbst Informationen suchen. Aber auch wenn wir für den Unterricht Bücher oder Texte bearbeiten, hilft es uns, wenn wir vor Beginn überlegen, welches Ziel wir damit verfolgen:

- Geht es um eine grobe Orientierung?
- Suchen wir eine bestimmte Information?
- Lernen wir für eine Prüfung und müssen möglichst viel behalten?
- Wollen wir verschiedene Texte einander gegenüber stellen? usw.

Vom Leseziel hängt die Auswahl und unser weiteres Vorgehen ab: Welche Texte oder Textausschnitte lassen interessante Informationen erwarten? Wie intensiv setzen wir uns mit den einzelnen Abschnitten oder mit dem ganzen Text auseinander?

2. Überblick über den Text und seinen Aufbau gewinnen

Bei einem Buch prüfen wir anhand von Inhaltsverzeichnis, Vorwort und Klappentext, was es zur Klärung unserer Fragestellung beitragen kann, und welche Teile wir intensiv bearbeiten wollen. Bei einem Artikel oder Kapitel lesen wir die Schlagzeilen, Titel, Untertitel und Zusammenfassungen, um den Aufbau und die Gliederung kennen zu lernen. Dann können wir abschätzen, wie viel Zeit und Aufwand das Lesen des ausgewählten Textes etwa beanspruchen wird.

3. Fragen stellen an den Text

Da die wenigsten Fachbücher durch atemberaubende Spannung fesseln, müssen wir selbst für die Motivation sorgen. Untersuchungen zeigen, dass Fragen, die vor Beginn der Lektüre gestellt werden, entscheidend zum Verständnis, zur Konzentration auf das Wesentliche und zum längerfristigen Behalten beitragen. Solche Fragen sind beispielsweise:

- Worum geht es, womit befasst sich dieses Spezialgebiet?
- Was versteht man unter diesem Begriff / Fremdwort?
- Was erwarte ich? Was möchte ich erfahren?
- Was weiß ich schon darüber?
- Wo lassen sich diese Erkenntnisse anwenden?

Manche Fragen ergeben sich aus den Überschriften und Schlagzeilen, andere aus Fremdwörtern und Abbildungen, die wir beim Überfliegen gesehen haben. Beim vorliegenden Kapitel könnte man sich beispielsweise fragen:

- Welche Arten des Lesens sind gemeint?
- Welche Hauptschwierigkeiten betreffen mich?
- Welche Leseziele habe ich selbst?
- Welche Empfehlungen will ich umsetzen?

Übungshalber empfiehlt es sich, seine Fragen schriftlich festzuhalten. Das nächste Kapitel über Lernforschung enthält einen Text über Gehirnforschung (ab S. 52), mit dem diese Empfehlungen erprobt werden können.

4. Aktiv Lesen

Erst nach diesen Vorbereitungen folgt das eigentliche Lesen, wobei wir das eigene Leseziel und die vorher formulierten Fragen nicht aus den Augen lassen. Wir passen das Tempo dem Schwierigkeitsgrad des Textes an, lassen uns von unseren Fragen leiten und suchen nach Antworten.

Ein gut gegliedertes Buch enthält normalerweise pro Abschnitt eine Hauptaussage. Geübte Leserinnen und Leser folgen der Gliederung des Textes, suchen nach diesen Grundideen und achten dabei auf einleitende und überleitende Ausdrücke wie »es gibt drei wichtige Gründe für ...«, »an erster Stelle zu nennen ist ...«, »besonders wichtig ist ...«, »zusammenfassend ...«. Natürlich bedienen sie sich auch aller anderen Hilfen und Hinweise des Autors / der Autorin, seien es besonders hervorgehobene Wörter und Ausdrücke, seien es Illustrationen, Tabellen und Grafiken, die die Ausführungen unterstreichen und erläutern.

Sind einzelne Sätze zu lang und kompliziert, kann es helfen, wenn wir nur dem Hauptsatz ohne eingeschobene Nebensätze nachgehen. Bleibt ein Gedankengang trotz mehrmaligem konzentriertem Lesen unklar, können wir die Stelle mit einem Fragezeichen am Rand markieren und zunächst weiter lesen. Nach der Lektüre des ganzen Kapitels lässt sich vieles aus dem Zusammenhang verstehen.

Prüfen Sie auch, ob Sie die verwendeten Fremdwörter und Fachausdrücke verstehen. Notieren Sie Definitionen, blättern Sie notfalls zurück, wenn Sie den Faden verloren haben. Wenn sich die Erklärung nicht aus dem Zusammenhang ergibt, greifen Sie zu einem Wörterbuch oder Fachlexikon.

5. Anhalten, prüfen

Ist es Ihnen auch schon so ergangen? Sie haben einen Text gelesen, dem Sie ohne Schwierigkeiten folgen konnten. Scheinbar haben Sie aufmerksam gelesen, den Einzelheiten die nötige Beachtung geschenkt. Stellt Ihnen aber jemand zum Schluss eine Frage, werden Sie unsicher, müssen nochmals nachsehen.

Meistens ist aber niemand da, der uns prüft, wie viel von einem Text hängen geblieben ist. Wir müssen uns deshalb selbst davon überzeugen. Dies bedeutet, dass wir beim lernenden Lesen immer wieder innehalten sollten, um über das Gelesene nachzudenken, uns zu fragen, welches die wichtigsten Aussagen waren, was wir verstanden haben und was nicht, was neu war und in welcher Beziehung es zu anderen Informationen steht.

Dieses Anhalten und Rekapitulieren ist ein wichtiger Bestandteil des aktiven Lernens. Es nimmt deshalb oft bedeutend mehr Zeit in Anspruch als das eigentliche Lesen.

Die beste Kontrolle haben Sie, wenn Sie Ihre Überlegungen schriftlich festhalten. Dazu gibt es verschiedene Möglichkeiten: Manche schreiben kurze Zusammenfassungen, andere bringen Markierungen am Rand an, viele arbeiten mit Leuchtstiften in verschiedenen Farben. Welches System liegt Ihnen und entspricht Ihrem Lernziel (im Kapitel »Verarbeiten« ab S. 64

werden die verschiedenen Techniken aufgezeigt)?

Falls Sie Notizen machen, verwenden Sie Ihre eigenen Formulierungen und übernehmen Sie – mit Ausnahme von wichtigen Definitionen – nicht einfach Sätze aus dem Text. Dies ermöglicht Ihnen, sowohl selbst aktiv zu werden als auch zu kontrollieren, ob Sie den Inhalt verstanden haben.

6. Zusammenfassend Wiederholen

Wenn Sie am Schluss des Textes angelangt sind, folgt noch ein wichtiger Schritt: die Nachbereitung. Sie dient dazu, den Zusammenhang zwischen den einzelnen Abschnitten wieder herzustellen, das Verständnis zu kontrollieren, die Inhalte kritisch zu überdenken und mit dem bisherigen Wissen zu vernetzen.

Wir überfliegen den ganzen Text nochmals, lesen unsere Notizen im Zusammenhang und ergänzen sie falls notwendig, prüfen, ob die Struktur des Textes daraus erkennbar wird und ob unsere Fragen beantwortet wurden. Unklarheiten und offene Fragen werden notiert.

Wenn wir uns mit einem Text kritisch auseinandersetzen, dient die Nachbereitung dazu, Distanz zu gewinnen, unsere eigenen Gedanken zu sammeln, hinter dem Inhalt und den Formulierungen auch die Absichten des Verfassers zu erkennen. Wir vergleichen die Aussagen mit unseren bisherigen Kenntnissen und mit Informationen aus anderen Quellen. Oft ergeben sich aus der Lektüre neue Fragen (z.B. wie kommt der Autor/die Autorin zu dieser Aussage? Könnte man dieses Ergebnis auch anders interpretieren?). Diese Fragen notieren wir zusammen mit jenen, die noch nicht beantwortet wurden und diskutieren sie beispielsweise mit unserer Lernpartnerin / unserem Lernpartner oder bringen sie in den Unterricht ein.

Zusammenfassung

Zum systematischen, kritischen Lesen gehören folgende Schritte

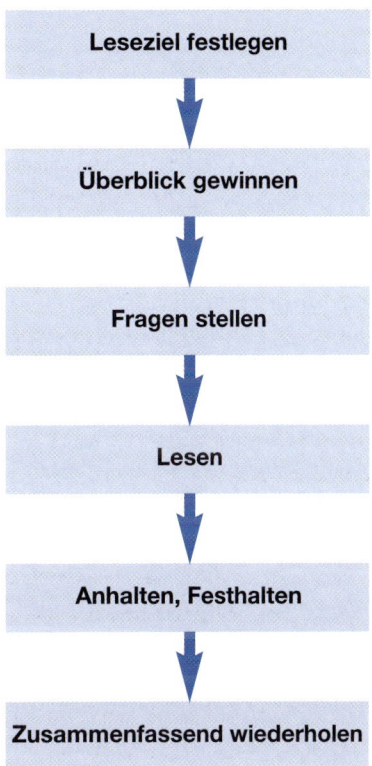

Auch wenn dieses Vorgehen auf den ersten Blick aufwendig erscheint, spart es beim Lernen durch Lesen letztlich Zeit, weil es zu einem besseren Verständnis und längerfristigen Behalten führt.

Natürlich braucht es dazu Übung. Sie können diese Lesetechnik am Text über Gehirnforschung auf den nächsten Seiten erproben.

Folgerungen aus der Lernforschung

Wie lerne ich richtig?

Übung zum lernenden Lesen

Im letzten Kapitel wurde aufgezeigt, wie beim Lernen aus Texten systematisch vorgegangen werden kann. Der nachfolgende Text über Erkenntnisse der Gehirnforschung enthält viele Informationen, die für das Lernen und Behalten wichtig sind. Versuchen Sie, nach der beschriebenen Lesemethode vorzugehen und sich gezielt mit dem Inhalt auseinander zu setzen. Überfliegen Sie den Text zuerst, prüfen Sie den Aufbau und formulieren Sie einige Fragen, die Sie sich vor der Lektüre stellen (Erläuterungen dazu finden Sie auf S. 49).

Vergleichen Sie Ihre Fragen mit den Beispielen auf S. 96. Lesen Sie den Übungstext dann abschnittsweise und prüfen Sie immer wieder, was Sie vom Gelesenen verstanden und behalten haben. Notieren Sie Ihre Gedanken oder markieren Sie die wichtigsten Stellen im Text.

1. _____
2. _____
3. _____
4. _____
5. _____

Übungstext

Erkenntnisse der Gehirnforschung*

Suchen wir nach Strategien zur Verbesserung des Lernens und des Gedächtnisses, ist es nahe liegend, uns an die Hirnforschung zu wenden. Auch wenn wir natürlich lernen und uns erinnern können, ohne die Funktionsweise des menschlichen Gehirns zu kennen, profitieren wir von den Erkenntnissen auf diesem Gebiet.

Lernen bedeutet, Informationen so im Gehirn zu verankern, dass sie jederzeit abrufbar sind. Das Gehirn kann jedoch unmöglich alle Wahrnehmungen und Eindrücke speichern. Es muss aus der Unmenge von Empfindungen, Sinnesreizen, Gedanken und Ideen den winzigen Teil herausfiltern, der gespeichert werden soll, und diesen dann ordnen.

In den letzten Jahren wurden große Fortschritte in der Hirnforschung gemacht. Gleichzeitig ist man aber noch weit davon entfernt, dieses äußerst komplexe Organ wirklich zu verstehen und mit einem plausiblen einheitlichen Konzept zu erklären.

* Gekürzt aus: Schräder-Naef: Lerntraining in der Schule.

1. Aufbau des Gehirns

Das menschliche Gehirn besteht aus schätzungsweise etwa hundert Milliarden Nervenzellen (Neuronen), von denen jede über dünne Fortsätze und Schaltstellen (Synapsen) mit Hunderten oder Tausenden anderer Nervenzellen verbunden ist. Über die Synapsen gibt die Zelle elektrische Impulse weiter. Auch wenn dieses Netzwerk chaotisch scheint, findet jeder Sinneseindruck seine Bahn. An geistigen Prozessen sind jeweils Millionen von Nervenzellen beteiligt, oft über weite Teile des Gehirns verteilt. Die meisten Synapsen stellen den Kontakt erst auf bestimmte Signale her. Sie sind aufgrund neuer Erfahrungen veränderlich und ermöglichen, dass wir uns erinnern und lernen.

Die Schaltstellen (Synapsen) übernehmen sowohl die Signalübermittlung als auch einen Teil der Informationsspeicherung. Die Speicherung eines Erlebnisses erfolgt durch eine Verstärkung der Verbindungen zwischen bestimmten Neuronen. Gruppen von Neuronen bilden so Netze. Eine Erinnerung ist somit nicht an einem einzelnen Ort abgelegt, sondern in einem Netz verteilter Nervenzellen.

Früher glaubte man, im Gehirn gebe es an einer bestimmten Stelle eine Art innerer Leinwand, auf der das Abbild eines Sinneseindruckes entsteht, wo die Informationen zusammenlaufen und die Entscheidungen fallen. Diese Stelle gibt es jedoch nicht, das Gehirn ist nicht hierarchisch, sondern extrem dezentral organisiert.

Die verschiedenen Gehirnzentren arbeiten bei allen kognitiven Prozessen untrennbar zusammen. Im so genannten Thalamus, einem Gebiet des Zwischenhirns, werden ankommende Sinneswahrnehmungen mit Gefühlen wie Freude, Angst, Lust oder Schmerz ausgestattet. Positive und negative Gefühle erlauben uns, bessere Entscheidungen zu treffen. Im Verlauf der Evolution wurde die Fähigkeit, Tätigkeiten mit Gefühlen zu verknüpfen, immer erfolgreicher. Beim Menschen veränderten die Gefühle schließlich ihre ursprüngliche Funktion und wurden zum Bewusstsein. Dieses hilft uns, besonders komplexe Tätigkeiten auszuüben wie nachdenken, planen, entwerfen, vergleichen, urteilen und eigene Erfahrungen anderen mitzuteilen.

2. Entwicklung des Gehirns

Säuglinge sind in großen Teilen ihres Gehirns noch nicht festgelegt. Die Hirnreifung geht außerhalb des Mutterleibs weiter. In einer ersten Phase werden nach der Geburt in einer Wechselwirkung mit der Umwelt weitere feste Leitungsbahnen gelegt. Aus diesen Hirnvernetzungen, die somit von Erfahrungen abhängig und geprägt sind, ergeben sich fest verdrahtete Verbindungen und damit besonders schnelle Assoziationsbahnen und bevorzugte Wahrnehmungskanäle.

Das Gehirn verändert sich während der Lernprozesse physisch; da jeder Mensch seine eigene Lernbiografie hat, hat auch jeder eine eigene Feinstruktur des Gehirns.

In der Kindheit reifen bestimmte Teile des Gehirns besonders schnell und sind daher leicht formbar. Erworben wird ein differenziertes Wissen über die Umwelt; das Gedächtnis wird als eigene Informationsquelle aufgebaut. Bis vor wenigen Jahren glaubten auch die meisten Neurobiologen und Lernpsychologen, dass mit zunehmendem Alter ein ständiger Abbau stattfindet. Heute weiß man jedoch, dass zwar Tag für Tag Tausende Hirnzellen absterben, aber neue Neuronen nachwachsen. Lebenslang finden Aufbau und Abbau im Gehirn statt.

3. Gedächtnis

Unser Gedächtnis muss eine komplizierte Gratwanderung durchführen: Auf der einen Seite sollen relevante Erfahrungen gespeichert, auf der anderen Seite darf das Gedächtnis nicht mit Unwichtigem überlastet werden. Das Gedächtnis muss damit die hochkomplexe Aufgabe erfüllen, aus der ständigen Reiz- und Informationsflut jene Informationen auszuwählen, die gespeichert werden sollen, und die anderen auszusortieren.

Unsere Vorstellung von Gedächtnis hat sich in den letzten Jahrzehnten grundlegend verändert. Noch vor 20 Jahren hielt man das Gedächtnis für einen Computer, der unbestechlich aufzeichnet, was ihm eingegeben wird. Heute weiß man, dass Erinnern eher ein Puzzle aus gespeicherten Einzelteilchen ist, zu dem die fehlenden Teile ergänzt werden. Das Gehirn filtert aus den Wahrnehmungen das für das Individuum Bedeutsame heraus. Gespeichert wird, was an einem Ereignis wichtig ist; die Erinnerungen werden aufgrund der Erlebnisse laufend überarbeitet; sie können neu bewertet und dadurch verändert werden.

Erinnern bedeutet neu konstruieren und damit auch selbst interpretieren; deshalb unterscheiden sich Erinnerungen verschiedener Personen vom gleichen Ereignis. Durch unterschiedliche Erfahrungen und deren unterschiedliche Organisation konstruieren wir uns unsere eigene Welt. Jeder hat somit seine »eigene Welt im Kopf«.

Wie sich aus dem Abschnitt über den Aufbau ergibt, lässt sich das Gedächtnis nicht an einer bestimmten Stelle des Gehirns lokalisieren, sondern ist über das gesamte Gehirn verteilt. Eine Erinnerung ist die weit verzweigte Aktivierung verschiedener lokaler Strukturen und deren Verknüpfung zu einem Netzwerk. Eine Erkenntnis der letzten Jahre besteht darin, dass das Gedächtnis kein einzelnes Gebilde ist, sondern sich aus verschiedenen Fähigkeiten zusammensetzt. Beim Lernen arbeiten bewusste und unbewusste Gedächtnissysteme in der Regel zusammen.

4. Lernen

Eine ankommende Information wird nicht einfach behalten oder vergessen, sondern durchläuft verschiedene Filter oder Speicherstufen. Diese entscheiden, was überhaupt wahrgenommen wird, was sofort wieder vergessen wird und welche Teile und Eckdaten vorübergehend oder längerfristig gespeichert werden.

Wichtigkeit der Gefühle

Aus der Gedächtnisforschung ergibt sich, dass Gefühle sowohl bei der Speicherung als auch beim Erinnern eine große Rolle spielen. Lernen ist immer mit Gefühlen verbunden, die berücksichtigt werden müssen. Für das Behalten ist diese Gefühlsbewertung sehr wichtig, da das Gehirn eine Neuigkeit weniger nach deren Tatsachengehalt speichert als nach der ausgelösten Emotion. Durch positive Gefühle finden Informationen leichter Eingang, negative werden eher abgewehrt. Emotionen beeinträchtigen somit nicht den menschlichen Verstand, sondern organisieren das Handeln und Speichern und sind für das Denken und Lernen von ausschlaggebender Bedeutung. Die Bedeutung, die eine Information oder ein Ereignis für das Individuum hat, entscheidet darüber, ob diese im Gedächtnis gespeichert oder als irrelevant vergessen wird.

Angeregt wird das Lernen durch Freude, Erfolgserlebnisse, Anteilnahme, Neugier und Interesse, durch Staunen und Mitgefühl oder Hoffnung. Behindert wird es durch Angst, Langeweile oder Hoffnungslosigkeit. Für das Lernen ungünstige Emotionen können sich, wenn sie stark, häufig oder länger dauernd auftreten, zu schwer überwindbaren Hindernissen aufbauen. Als Lernhindernisse spielen vor allem Ängste eine große Rolle.

Das Vorwissen entscheidet über die Wahrnehmung

Wahrnehmung und Speicherung finden in denselben Nervenzellen statt, das Gehirn speichert die Bilder dort, wo es auch aktuelle Bilder beurteilt. Jede Wahrnehmung erfolgt durch die Brille des Gedächtnisses, ist individuell und durch frühere Wahrnehmungen und das Vorwissen mitbestimmt. Je mehr wir wissen, desto mehr nehmen wir wahr. Wahrnehmung ist somit ein aktiver Prozess und nicht einfach ein passives Aufnehmen von Sinneseindrücken.

Wahrnehmung ist gleichzeitig auch Interpretation, die erzeugten Bilder stimmen nicht unbedingt mit physikalischen Gesetzmäßigkeiten überein. Wir erkennen beispielsweise Muster und Ordnungsprinzipien auch dort, wo keine vorgegeben sind. Bekannt sind Wahrnehmungstäuschungen, »unmögliche Figuren« oder Bilder, die auf verschiedene Art gesehen werden können.

Die eigene Aktivität ist wichtig

Das Gehirn speichert Informationen, die selbst aktiv beschafft wurden, besser als solche, die nur passiv aufgenommen wurden. Beim Lernen dient zudem das bewusste Zuwenden und gezielte rechtzeitige Wiederholen und Verankern der längerfristigen Speicherung.

Das Gedächtnis ist kein Archiv

Das Gedächtnis bildet aus den eingehenden Sinneswahrnehmungen kein Archiv – die Daten werden verkürzt und mit älteren Gedächtnisspuren verknüpft. Das Gehirn speichert Informationen somit nicht einfach in Schubladen, sondern ordnet sie zu komplexen Netzen. Durch die netzwerkartige Verarbeitung ergibt sich eine vielfältige spätere Abrufbarkeit.

Wissen und Ereignisse werden nicht als Ganzes abgespeichert; gespeichert werden vielmehr nur wichtige Eckpunkte, die für das Individuum Bedeutung haben und die auf die ganze Hirnrinde verteilt werden. Wir speichern vor allem generelle Aussagen und erinnern uns nicht exakt. Erinnerungen an den gleichen Vorfall sind individuell verschieden, von unseren Gefühlen und unserer Biografie abhängig. Viele Experimente zeigen, wie Erinnerungen falsch gespeichert werden, wie später erhaltene Informationen sie beeinflussen und wie sie bei der Abfrage noch einmal entstellt werden können. Die Erinnerungen sind sowohl aus Wahrheit als auch aus Fantasien zusammengesetzt, wir erinnern uns auch an Dinge, die nie geschehen sind. Die Tatsache, dass es sowohl bei der Wahrnehmung, bei der Erinnerung und bei deren Formulierung Fehler gibt, muss bei Augenzeugenberichten berücksichtigt werden.

5. Zusammenfassung

Das menschliche Gehirn ist ein hochkomplexes Organ und extrem dezentral organisiert.

Nach der Geburt ist die Hirnreifung noch nicht abgeschlossen. Während des ganzen Lebens finden Aufbau und Abbau im Gehirn statt.

Die weitere Entwicklung wird von den Erfahrungen und Aktivitäten des Individuums geprägt. Unterschiedliche Lernbiografien bewirken nicht nur unterschiedliche Einstellungen und Werthaltungen, sondern auch unterschiedliche Wahrnehmungen und Erinnerungen.

Gefühle spielen eine zentrale Rolle beim Lernen. Sie beeinflussen vor allem die Auswahl und Speicherung der Informationen.

Das Vorwissen ist von großer Bedeutung. Früheres Lernen bestimmt die Wahrnehmung, die Art der Strukturen und Netzwerke.

Die Speicherung im Gedächtnis ist ein komplexer Vorgang. Es muss eine extreme Selektion aus den eintreffenden Informationen getroffen werden. Das Gedächtnis ist kein Archiv. Jede Erinnerung ist auch eine Interpretation auf der Grundlage der eigenen Biografie und Wertsysteme.

Wenn Sie den ganzen Text in der beschriebenen Weise gelesen haben, können Sie prüfen, welche der von Ihnen vorher gestellten Fragen (S. 52) Sie jetzt beantworten können. Und wie ist es mit den Fragen auf S. 96? Wenn Sie unsicher sind, gehen Sie zurück zum Text.

Wie sind Sie mit dieser Lesemethode zurechtgekommen?

....

....

....

Haben Sie aus den Informationen zur Hirnforschung neue Erkenntnisse für Ihr eigenes Lernen gewonnen? Welche?

....

....

....

Welche Schlussfolgerungen ziehen Sie für Ihr Lernen?

....

....

....

....

Die nachfolgenden Tipps und Anregungen beruhen auf den Erkenntnissen der Gehirnforschung.

Tipps für ein gehirngerechtes Lernen

A. Wie beziehen Sie Gefühle ein?

Gelerntes bleibt besser haften, wenn es mit Gefühlen verbunden ist.

- Haben Sie eine Idee, wie Sie Ihren Arbeitsplatz angenehm gestalten, das Lernen mit schönen Erinnerungen verbinden könnten?
- Verschaffen Sie sich Erfolgserlebnisse, indem Sie beispielsweise selbst einen Weg, einen Zusammenhang suchen, ihre Fortschritte prüfen und sich darüber freuen.
- Eine positive Beziehung zu einem Problemfach können Sie entwickeln, indem Sie mehr darüber in Erfahrung bringen, über seine Geschichte oder über Persönlichkeiten, die darin Großes leisteten.
- Arbeiten Sie mit Zeichnungen und Farben und erfinden Sie dazu ein eigenes Ihnen entsprechendes System.
- Lassen Sie Ihre Fantasie spielen und verbinden Sie einzelne Begriffe oder Informationen zu Geschichten, die auch lustig und übertrieben sein können.
- Lernen Sie neue Begriffe oder Fakten, indem Sie sich eine Situation vorstellen, in der sie von Bedeutung sind.
- Verbinden Sie schwierige Wörter oder Formeln mit einem witzigen oder positiven Bild, einem Foto, Poster oder einer Collage. Sie können diese Wörter oder Begriffe beispielsweise als Sprechblasen bei einem Bild der Fußballmannschaft oder einem Kinoplakat mit Ihrem Lieblingsschauspieler einfügen.
- Lernen Sie nicht bis zum Überdruss, sondern wechseln Sie die Stoffgebiete ab und sparen Sie sich das für Sie attraktivste für den Schluss als Belohnung.

B. Wie bilden Sie Netzwerke und stellen Verknüpfungen her?

Zum Lernen und Behalten ist eine Verbindung mit bereits vorhandenen Gedächtnisinhalten erforderlich. Je mehr wir von einem Gebiet bereits wissen, desto schneller lernen wir dazu.

- Suchen Sie bei der Aufnahme von neuen Informationen immer nach Anknüpfungspunkten: Was hat das mit meinen bisherigen Kenntnissen zu tun? Erinnern Sie sich an eigene Erfahrungen oder Erlebnisse?
- Stellen Sie Fragen nach Zusammenhängen, Anwendungen, Beispielen.
- Seien Sie neugierig und gehen Sie Unklarheiten nach: Schlagen Sie Fremdwörter und neue Begriffe nach, wenn sie für Ihr Lernziel wichtig sind.
- Vergleichen Sie neue Informationen gezielt mit Ihrem Vorwissen: sind es Ergänzungen, Widersprüche, Bestätigungen?
- Suchen Sie bei neuen Problemen nach Parallelen oder Ähnlichkeiten mit bereits Bekanntem: Was ist gleich, was ähnlich, worin bestehen die Unterschiede?
- Versuchen Sie, Beziehungen zwischen den Inhalten verwandter Lerngebiete herzustellen.
- Suchen Sie bei unverbundenen Informationen selbst nach Verbindungen, Eselsbrücken und Assoziationen, indem Sie beispielsweise aus den Anfangsbuchstaben verschiedener Begriffe ein Wort oder einen Satz bilden.
- Wenn Sie viel auswendig lernen müssen, lohnt es sich vielleicht, Gedächtnistechniken anzuwenden: Dabei werden Begriffe oder Zahlen mit Bildern, Buchstaben, Geschichten oder Orten verbunden.

C. Wie strukturieren Sie den Lernstoff?

Gut strukturierter Lernstoff wird leichter behalten als unstrukturierter, weil dadurch Gedächtniskapazität gespart wird.

- Stellen Sie fest, nach welchen Prinzipien die Informationen geordnet sind. Fassen Sie Einzelinformationen zu Gruppen zusammen, entdecken oder bilden Sie Muster.
- Lernen Sie nicht einfach auswendig, sondern versuchen Sie, eine eigene Struktur in den Lernstoff einzubringen, ihn mit Titeln und Untertiteln zu versehen, zu vernetzen.
- Gliedern Sie umfangreichen Lernstoff oder erstellen Sie Tabellen, um ihn in den Griff zu bekommen.
- Stellen Sie fest, wie die einzelnen Teile einander über- oder untergeordnet sind. Markieren Sie die Hauptgedanken und die unterstützenden Aussagen.
- Überlegen Sie, wie sich die Zusammenhänge und die Beziehungen übersichtlich darstellen lassen: durch eine Liste, ein Diagramm, eine Tabelle, einen Baum oder ein Mindmap (vgl. S. 68)?
- Frischen Sie die Erinnerung an neuen Lernstoff in regelmäßigen Abständen auf.
- Beim Auswendiglernen helfen Lernkärtchen, mit denen Sie sich selbst abfragen können: Auf die Vorderseite schreiben Sie das deutsche Wort, das Ereignis, den Begriff, auf die Rückseite die Übersetzung, die Jahreszahl, die Formel, die Sie damit in Verbindung bringen müssen.
- Das eigene Formulieren und Diskutieren fördert die Gedächtnisspuren. Stellen Sie sich vor, dass Sie das Gelernte anschließend einer Kollegin oder einem Freund erzählen wollen und überlegen Sie sich dazu den besten Aufbau.

D. Wie filtern Sie das Wichtigste heraus?

- Suchen Sie nach den Kerninformationen, die den eigentlichen Lerninhalt darstellen, und fassen Sie jedes Unterkapitel mit einer aussagekräftigen selbst formulierten Schlagzeile zusammen.
- Heben Sie beim Lesen wichtige Begriffe mit Leuchtstiften oder durch Unterstreichen hervor.
- Schreiben Sie knappe Zusammenfassungen.
- Versuchen Sie übungshalber, von Geschichten wenige Schlüsselworte zu notieren und sie später zu rekonstruieren.
- Erstellen Sie einen Spickzettel mit den wichtigsten Informationen und verkleinern Sie ihn falls nötig mehrmals.
- Fassen Sie einen Text in einer Tabelle zusammen.
- Verwenden Sie Abkürzungen, notieren Sie nur Stichworte.

Welche weiteren Lerntipps kennen Sie?

....

....

Welche wollen Sie ausprobieren?

....

....

....

Notieren Sie Ihre Erfahrungen auch am Schluss dieses Buches auf S. 94.

Hilfe in der Informationsflut

Wie finde ich Informationen?

Worum geht es?

Zu den Schlüsselqualifikationen gehören nicht nur Kenntnisse über Informationsquellen, Suchwege und technische Hilfsmittel, sondern auch deren Bewertung, Auswahl und kritische Beurteilung. Es gilt, folgende Probleme zu bewältigen:

- Die Informationsflut ist riesig und nimmt noch ständig zu.
- Zur Bewältigung der Informationsflut wurden in den letzten Jahrzehnten immer neue und enorm leistungsfähige Hilfsmittel entwickelt, die allerdings – Beispiel Internet – wieder neue Probleme mit sich bringen.
- Während es früher mühsam war, zu bestimmten Sachverhalten Bücher oder Texte zu finden, erhalten wir über das Internet blitzschnell Verweise auf Dokumente, aber möglicherweise in so großer Zahl, dass wir unmöglich allen nachgehen können.
- Beim Suchen im Internet ist die Distanz zu den Quellen noch größer geworden und es ist unmöglich, deren Zuverlässigkeit zu überprüfen. Die Websites sind völlig unkontrolliert, Suchmaschinen übernehmen keine Qualitätskontrolle, sondern tragen nur zusammen, was den Stichworten entspricht.
- Wenn uns die Informationen erreichen, haben sie meist schon einen langen Weg über verschiedene Stationen hinter sich, an denen sie zusammengefasst, umformuliert oder ausgeschmückt werden. Auch falsche, unvollständige oder übertriebene Nachrichten werden ungeprüft übernommen und weitergegeben.

Beim Beschaffen von Informationen ist es wichtig, dass die richtigen Quellen gefunden und geprüft, die Informationen kritisch hinterfragt, Lücken entdeckt und geschlossen werden. Dazu gehören folgende Elemente:

- Klare Ziele: Welches sind meine Informationsbedürfnisse, was muss, was will ich wissen und erfahren?
- Gezielte Auswahl: Wie kann ich die Fülle reduzieren, auf was will ich verzichten?
- Angepasste Quellen: Wie gelange ich an die mich interessierenden Informationen, wo erwerbe ich die benötigten Kenntnisse?
- Sinnvolle Lernstrategien: Wie kann ich die Informationen bewerten, einordnen, aufbereiten?

Manche Schulen und größere Bibliotheken geben Einführungen in ihre Bestände oder zur Nutzung des Internets. Es lohnt sich, an solchen Veranstaltungen teilzunehmen, um bei der eigenen Suche gezielt und systematisch vorgehen zu können. Scheuen Sie sich auch nicht, sich mit Ihren Fragen an das Personal in den Bibliotheken oder die Fachperson im Computerraum zu wenden.

Beschränken Sie Ihre Informationssuche nicht auf das Internet, sondern prüfen Sie verschiedene Quellen. Dazu nachfolgend eine Übersicht.

Tipps für die Informationssuche

A. Suche in Bibliotheken

- Je nach Gebiet empfiehlt es sich, zunächst von den Literaturverzeichnissen in Standardwerken, Lexika und Fachbüchern auszugehen und sich die wichtigsten Verweise zu notieren.
- Prüfen Sie die Bestände verschiedener Bibliotheken bzw. gehen Sie im Internet von einem Zentralkatalog der Bibliotheken Ihrer Stadt oder Ihrer Region aus: Welche großen Bibliotheken, Schul- und Universitätsbibliotheken, Bibliotheken des Spezialgebietes, Bibliotheken von Fachinstituten könnten relevante Bücher aufweisen?
- Verschiedene Bibliotheken haben oft unterschiedliche Katalogsysteme, neben Computersystemen teilweise auch CD-ROM-Abfragen. Es lohnt sich, sich gezielt damit vertraut zu machen.
- Suchen Sie im alphabetischen (Autorenkatalog) jene Veröffentlichungen, deren Autor und Titel Sie von Literaturangaben kennen.
- Prüfen Sie im Sach- oder Themenkatalog verschiedene Schlagwörter und beziehen Sie auch übergeordnete Begriffe und Teilaspekte des Themas ein. Wenn es zu viele Nachweise gibt, kann der Suchbegriff eingegrenzt werden. Sind es zu wenig Angaben, überlegen Sie sich weitere verwandte Begriffe.
- Prüfen Sie die Neuerscheinungsliste der Bibliothek.
- Der Zeitschriftenkatalog gibt Auskunft, welche Zeitschriften von einer Bibliothek abonniert und gesammelt werden. Die neuesten Exemplare der Zeitschriften liegen im Lesesaal der Bibliothek oder im speziellen Zeitschriftenlesesaal auf, früher erschienene Ausgaben werden wie Bücher gesucht.

B. Weitere Quellen

Es gibt noch zahlreiche weitere Quellen, die je nach Thema angezapft werden können:

- Archive übernehmen Unterlagen von anderen Institutionen, beispielsweise den Nachlass bedeutender Persönlichkeiten (Max-Frisch-Archiv, Thomas-Mann-Archiv) oder Dokumente der Zeitgeschichte. Große Zeitungen verfügen über umfangreiche Archive von Bild- und Textmaterial.
- Für viele Bereiche gibt es spezielle Dokumentationsstellen, an die wir uns mit unseren Suchfragen wenden können.
- Je nach Thema können Fachorganisationen, Reisebüros, Museen, Konsulate, Pressestellen von Unternehmen, Vereinen, Parteien und Behörden Auskünfte liefern.
- Prüfen Sie, welche Fachleute, Experten oder Betroffenen Sie anschreiben oder um ein Interview bitten wollen, welche Tagungen, Weiterbildungsveranstaltungen oder Vorträge zu Ihrem Thema stattfinden.
- Machen Sie sich Notizen, wenn Sie einen Vortrag über Ihr Thema hören, Diskussionen mit Kollegen oder Kolleginnen führen, Beiträge im Radio oder Fernsehen verfolgen (vgl. das Kapitel »Notizen ...«, S. 64).

C. Suche im Internet

Das Internet ist für die meisten zur bevorzugten Informationsquelle geworden. Untersuchungen zeigen jedoch, dass die Nutzung des Internets zwar intensiv ist, die Qualität der Suchergebnisse aber zu wünschen übrig lässt. Nur wenige haben den Umgang systematisch gelernt; die meisten Surfer haben irgendwann einfach angefangen und sind nach Versuch und Irrtum vorgegangen. Dabei kann man sehr viel Zeit verlieren, ohne wirklich zu befriedigenden Resultaten zu kommen.

Die Entwicklung ist hier so rasant, dass es wenig Sinn macht, genaue Anleitungen zu geben. Nachfolgend deshalb nur einige grundsätzliche Hinweise.

Die gezielte Suche verläuft sowohl über Suchmaschinen als auch über bereits bekannte Internet-Adressen.

Suchmaschinen und Suchdienste

Eine Suchmaschine erlaubt die Suche nach einem oder mehreren Begriffen im gesamten Internet. In kürzester Zeit erhalten wir Listen von Dokumenten, die diese Begriffe enthalten und denen wir nachgehen können. Es handelt sich somit um eine Art Super-Inhaltsverzeichnis mit dauernd aktualisierten Inhalten.

Es gibt eine Vielzahl von Suchmaschinen. Am besten verwendet man eine der größten (Beispiel google.de, yahoo.com, altavista.com), um eine möglichst breite Auswahl an Antworten zu erhalten.

Die verschiedenen Suchmaschinen decken teilweise unterschiedliche Internet-Seiten ab; auch die verwendeten Suchbegriffe können sich unterscheiden. Daraus ergeben sich nicht nur sehr unterschiedliche Anzahlen von Verweisen zu den gleichen eingegebenen Begriffen, sondern auch eine völlig unterschiedliche Reihenfolge und Darstellung. Am ergiebigsten und am meisten genutzt ist Google. Hier sind die Funktionen einer Suchmaschine (freie Suche) und eines Verzeichnisses (geführte Suche) vereint.

Suchmaschinen liefern aber natürlich keine Antworten, sondern listen lediglich jene Dokumente auf, die aufgrund vorgegebener Kriterien (Rangierungsprinzipien) als treffend erachtet werden.

Der Suchbegriff der Anfrage sollte die Fragestellung möglichst genau charakterisieren. Ein einziger allgemeiner Suchbegriff ist in den meisten Fällen ungenügend, weil eine unübersehbare Menge von Angaben geliefert wird. Je treffender der Suchbegriff ist, desto mehr passende Seiten erhält man. Die Reihenfolge sagt aber noch nichts über die Qualität des Verweises aus.

Werden mehrere Wörter eingegeben, interpretieren manche Maschinen ein »oder«, andere ein »und«. Suchen Sie beispielsweise nach einem Namen, muss der ganze Namen (Vor- und Nachname) in Anführungszeichen gesetzt werden, da nur dann nach dieser Wortfolge gesucht wird. Am besten konsultieren Sie die Hilfefunktion, bevor Sie eine Recherche beginnen.

Suche über Internet-Adressen (URL)

Über die Internet-Adresse (URL= Uniform Resource Locator) gelangen wir direkt auf die Homepages von Firmen, Organisationen, Schulen, Verwaltungen, auf denen meist wieder Links, d.h. Verbindungen zu anderen Adressen aufgezeigt sind. Es lohnt sich, wichtige Adressen zu notieren, die beispielsweise im Fernsehen, bei Zeitungsartikeln, die Sie interessieren, gegeben oder von Lehrpersonen oder Kollegen empfohlen werden, und sich ein Verzeichnis anzulegen.

Manche Adressen können wir auch auf gut Glück erraten, indem wir einen Begriff oder

Firmennamen direkt eingeben. Beispiele: www.berufsbildung.ch, www.greenpeace.org, www.weiterbildung.at. Allerdings haben sich auch viele Unternehmungen wohlklingende Adressen gesichert, hinter denen dann weit weniger steckt als wir erwarten.

Von den Homepages von Verlagen, Organisationen, Schulen aus können wir die Links verfolgen. Dabei müssen wir jedoch aufpassen, dass wir uns nicht in einer Fülle von Links verlieren, uns von unserer Frage ablenken lassen und sehr viel Zeit verlieren.

Praktisch ist die Katalogabfrage von Bibliotheken und die Suche nach Neuerscheinungen im Buchhandel über das Internet.

Das Internet bietet noch einiges mehr. Sie können beispielsweise prüfen, ob es Newsgroups zu Ihrem Thema gibt oder den FAQ (Frequently Asked Questions) nachgehen.

Wenn Sie Spaß am Surfen im Internet haben, können Sie dies auch für Ihre Problemfächer oder für einen neuen Zugang zum Lernen nutzen. Sie finden nicht nur eine Fülle von Informationen und Verweisen, sondern auch Erklärungen, Definitionen, Spiele und Trainingsprogramme für alle Wissensgebiete (und Schulfächer). Beispiele: www.lernen-mit-spass.ch, www.geographie.de, www.mathe-trainer.com, www.biologie.de. Gute Adressen können Sie auch unter einander austauschen.

Trotz Spaß am Surfen und trotz der Fülle an Informationen im Internet, sollten wir uns bewusst sein, dass es das Zeitunglesen und die Arbeit mit Fachbüchern nicht ersetzen kann!

D. Weiterbearbeitung

Objektive Information ist nicht möglich – wir können jedoch versuchen, ihr zumindest näher zu kommen. Bei kritischer Bewertung werden wir gewisse Quellen ausschließen oder nur nach Nachprüfen in anderen Quellen berücksichtigen. Oft ist die Gegenüberstellung und Entscheidung erst später möglich.

Unabhängig davon, wie Sie Ihre Informationen gewonnen haben, sollten Sie die entsprechende Quelle notieren. Dies ist nicht nur deshalb wichtig, weil Sie die Quelle bei der Weiterverwendung (z.B. in einer Facharbeit) angeben müssen; es hilft Ihnen auch, die Zuverlässigkeit der Information zu gewichten: Handelt es sich um eine unbewiesene Behauptung eines Autors oder werden Untersuchungsergebnisse von mehreren unabhängigen Quellen bestätigt?

Wenn wir uns neu in ein Gebiet einarbeiten, fällt uns die kritische Prüfung oft schwer. Wir lassen uns leicht von gekonnten Formulierungen beeindrucken, die wir bei einem besseren Kenntnisstand als unhaltbar, banal oder ungenau einstufen können. Am besten lassen wir uns von der Fachlehrerin oder dem Fachlehrer beraten, welche Bücher uns einen guten Zugang vermitteln. Ausgehend von Grundlagentexten kommen wir dann über die Literaturverzeichnisse zu weiteren Quellen.

Mit dem Internet haben wir die Möglichkeit, Texte direkt herunter zu laden. Natürlich spart dies gegenüber dem Abschreiben oder Kopieren aus Büchern viel Zeit. Allerdings besteht die Gefahr, dass Informationen ungeprüft nebeneinander gestellt werden und keine eigene Verarbeitung vorgenommen wird. Auch wenn wir uns auf diese Texte stützen, sollten wir eigene Formulierungen verwenden.

Wichtig ist, dass wir uns zuerst um einen Überblick, um ein Verständnis für die großen Zusammenhänge bemühen und nicht von Einzelheiten ausgehen, deren Aneinanderreihung zu einem völlig falschen Bild führen kann. Informationen sind immer nur einzelne Bausteine. Zu einem stabilen Gebäude werden sie erst, wenn sie auf einem sicheren Fundament aufbauen und sich gegenseitig stützen.

Verarbeiten

Notizen, Skizzen und Markierungen

Wie halte ich Informationen fest?

> Wie die anderen Studierenden schreibt Frank während den Vorlesungen an der Uni eifrig mit. Nicht immer versteht er jedoch alles, auch ist er zeitweise abgelenkt. Seine Notizblätter sind deshalb unübersichtlich und unvollständig. Für die Vorbereitung auf Prüfungen will sich Frank nicht auf sie verlassen, sondern bemüht sich jeweils verzweifelt, über andere Studierende an bessere Unterlagen zu kommen.

Was man schwarz auf weiß besitzt …

In der Sekundarstufe wird eher selten mitgeschrieben. Der Fotokopien-Verbrauch nimmt dagegen ständig zu. Lehrende wie Lernende halten es für vorteilhafter, wenn übersichtliche Darstellungen der wichtigsten Informationen abgegeben werden, als wenn die Schülerinnen und Schüler mühevoll und vielleicht lückenhaft selbst mitzuschreiben versuchen. Schließlich ist ja bekannt, dass eine Konzentration auf zwei Dinge zur gleichen Zeit unmöglich ist. So wird befürchtet, dass die Lernenden wichtige Informationen verpassen, wenn sie ihre Aufmerksamkeit auf das Formulieren und Zusammenfassen richten.

Die Vorteile der eigenen Aktivität

Den offensichtlichen Vorteilen von Fotokopien stehen auch entscheidende Nachteile gegenüber: Selbst wenn wir den Stoff in übersichtlicher und anschaulicher Form »besitzen«, bedeutet dies noch lange nicht, dass er auch gelernt ist. Verständnis und Sicherheit lassen sich nicht »ankopieren«: Wir müssen selbst aktiv sein, den Stoff zu unserem bisherigen Wissen in Beziehung setzen, kritisch hinterfragen, einordnen. Ein gutes Hilfsmittel sind Notizen, die wir während des Vortrages erstellen, anschließend auf Vollständigkeit und Übersichtlichkeit überprüfen und gegebenenfalls ergänzen.

Natürlich können wir auch Zusammenfassungen, die von der Lehrperson abgegeben werden, überprüfen und bearbeiten. Die Versuchung, sich damit zufrieden zu geben, die schönen Blätter »getrost nach Hause zu tragen« und ordentlich einzuheften, ist aber recht groß. Die eigentliche und dann recht zeitraubende Auseinandersetzung erfolgt oft erst im Hinblick auf die nächste Prüfung.

Nicht auf alle Zusammenfassungen kann man sich zudem verlassen. Oft enthalten sie nur das Fundament; wichtige Erläuterungen, die im Unterricht gebracht werden, müssen wir selbst ergänzen.

Es gibt verschiedene Arten, Notizen von Vorträgen oder Diskussionen zu erstellen. Für welche Sie sich entscheiden, hängt von Ihrem Lernstil und Ihren Zielsetzungen ab.

Prüfen Sie anhand der Checkliste auf der nächsten Seite, ob Ihre bisherigen Notizen die wichtigsten Bedingungen erfüllen:

Fragebogen Notizen

Erfüllen meine Notizen diese Kriterien?   Ja   Nein

1. Sie sind leserlich und ich arbeite gerne damit. ☐ ☐

2. Sie sind übersichtlich und enthalten die wichtigsten Inhalte. ☐ ☐

3. Sie lassen die Gliederung des Vortrages erkennen. ☐ ☐

4. Sie stellen eine gute Grundlage für eine Prüfungsvorbereitung dar. ☐ ☐

5. Sie bieten Raum für meine Fragen, eigene Überlegungen, Verweise und Gliederungshinweise. ☐ ☐

6. Sie können zusammen mit Unterlagen zum entsprechenden Fach geordnet werden. ☐ ☐

7. Ergänzungen, die sich aus Fragen, Diskussionsbeiträgen oder bei der Überarbeitung ergeben, können einbezogen werden. ☐ ☐

8. Sie sind so beschriftet, dass auch zu einem späteren Zeitpunkt erkennbar ist, von welchem Fach und Tag sie stammen. ☐ ☐

9. Sie trennen deutlich zwischen Ausführungen der Lehrerin oder des Lehrers, der Teilnehmenden und meinen eigenen Überlegungen. ☐ ☐

10. Die Form ist so flexibel, dass einzelne Teile ausgetauscht, ergänzt oder neu geschrieben werden können. ☐ ☐

11. Sie gehen von meinen Lernzielen aus (nur Stichworte, wenn ich andere Unterlagen habe, ausführlicher, wenn sie als Grundlage für die Lernarbeit dienen sollen). ☐ ☐

Anzahl Ja-Antworten ____

Meine Schlussfolgerungen

Zweifellos trägt die Lehrperson durch Aufzeigen der Gliederung und Zusammenfassungen viel dazu bei, ob die Zuhörenden gut strukturierte Notizen erstellen können.

Aber auch im günstigsten Fall ist es weder möglich noch erstrebenswert, optimale Notizen bereits während des Zuhörens zu verfassen: Wichtig ist – wie beim Lesen – die Nachbereitung.

Meist haben wir weder Zeit noch Lust, die Notizen dabei völlig neu zu schreiben. Wir erstellen deshalb die erste Fassung so, dass sie nicht nur übersichtlich ist und alle wichtigen Informationen enthält, sondern auch Raum bietet für Ergänzungen, Gliederungshinweise und Verweise auf andere Quellen. Gleichzeitig muss klar sein, welche Informationen im Unterricht vermittelt wurden, welche sich aus Fragen und Diskussionen ergaben und welches unsere eigenen Überlegungen und Argumente sind.

Eine Möglichkeit dazu ist die Verwendung von losen Blättern und die Aufteilung der Blätter gemäß der obenstehenden Abbildung.

- In das Kästchen **A** werden auf der ersten Seite zu Beginn der Stunde das Fach und das Datum eingetragen, auf den folgenden Seiten Fach und laufende Seitenzahl.
- Während des Unterrichts wird zunächst nur der Raum **B** beschriftet. Notiert werden die Hauptaussagen und Schlüsselpunkte, d.h. knappe Zusammenfassungen der wichtigsten Informationen, Begründungen sowie wichtige Namen, Zahlen und Daten, die sonst leicht vergessen werden.
- Kolonne **C** dient der Aufnahme von Gliederungshinweisen und Stichwörtern.
- **D** wird für eigene Überlegungen während des Zuhörens oder bei der späteren Verarbeitung, für Verweise und Ergänzungen sowie bei Prüfungsvorbereitungen verwendet.

Seite 67 zeigt ein Beispiel eines ausgefüllten Notizblattes aus einem Lerntrainingskurs.

Die Überarbeitung der Notizen erfolgt am besten noch am gleichen Tag, wenn alles noch frisch in der Erinnerung ist. Sind die Notizen klar und übersichtlich, beansprucht die Überarbeitung wenig Zeit: Wir lesen alles nochmals durch, prüfen die Vollständigkeit und die Verständlichkeit unserer Formulierungen, bringen Gliederungshinweise an (Kolonne C), allenfalls Definitionen von Fachausdrücken, die wir nachgeschlagen haben (D), sowie unsere eigenen Gedanken und Fragen.

Nur wenn Mitschriften, die wir beispielsweise für eine Prüfung brauchen, trotz aller Bemühungen völlig unübersichtlich geraten sind, lohnt es sich, sie neu zu schreiben und eine eigene Struktur hinein zu bringen. Dies hilft der aktiven Auseinandersetzung und systematischen Prüfungsvorbereitung.

Beispiel eines ausgefüllten Notizblattes

A	B
Lerntraining 17.12.02	<u>Systematisches Lesen</u>
C	6 Etappen beim Lesen von Fachbüchern
Was will ich erfahren?	1. Leseziel festlegen Auswahl des Textes nach Leseziel.
Was ist von dem Text zu erwarten?	2. Überblick gewinnen Orientierung. Aufbau, Stil erkennen, prüfen wie strukturiert.
Was weiß ich noch nicht?	3. Fragen stellen Sich motivieren, Neugier wecken. Nach Inhalt, Definitionen, Umsetzung, Zusammenhängen fragen.
Verstehe ich, was ich lese?	4. Aktiv lesen Erst nach diesen Vorbereitungen lesen, Leseziel nicht aus den Augen lassen, Struktur folgen, Lesetempo dem Schwierigkeitsgrad anpassen.
Was habe ich behalten?	5. Anhalten, prüfen Nicht zu lange Lernphasen, immer wieder innehalten und sich vergewissern, was man verstanden und behalten hat. Notizen machen, markieren.
Sind meine Fragen beantwortet?	6. Zusammenfassend wiederholen Nachbereiten, alles im Zusammenhang sehen, Notizen überprüfen.

D

Vgl. auch: Rationeller Lernen lernen (R. Schräder-Naef), S. 22–38

Nicht einfach, Fragen zu finden, braucht Übung!

Methode lohnt sich dann, wenn ich einen Text wirklich lernen will!

Mindmaps

Die meisten Menschen lernen am besten über das Sehen und die eigene Aktivität. Eine gute Möglichkeit, Informationen für sich zusammenzufassen, ist das Anfertigen einer Zeichnung oder Grafik. Viele erstellen dabei so genannte Mindmaps. Diese zeigen wie eine Landkarte die Beziehungen und Verbindungen eines Themas und können ganz individuell gestaltet werden. In der Grundform sind Mindmaps wie von oben gesehene Bäume: in der Mitte steht als Stamm das Thema, nach allen Seiten gehen als Äste die Teilbereiche mit weiteren Verzweigungen. Alle Äste und Zweige werden beschriftet. Neue Äste können jederzeit hinzugefügt werden. Die Beziehungen zwischen den einzelnen Teilbereichen werden mit Pfeilen oder anderen Symbolen sichtbar gemacht.

Je nach eigenen Ideen und Vorlieben kann von dieser Grundform abgewichen werden, können verschiedene Schriften, Farben, Symbolen und Zeichnungen verwendet werden. Die Abbildung zeigt ein Beispiel zum Thema Zeit.

Mindmaps eignen sich für viele Zwecke: bei der Ideensammlung für einen Aufsatz, einer längeren Prüfungsaufgabe, beim Vorbereiten einer Semesterarbeit oder eines Referats, bei der Prüfungsvorbereitung, beim Zusammenfassen von Vorträgen oder Unterrichtsstunden.

> **Übung**
>
> Versuchen Sie, ein Mindmap beim Vorbereiten eines Aufsatzes oder eines Vortrages zu zeichnen: Schreiben Sie Ihr Thema in die Mitte, dann einige (nicht zu viele) Aspekte als erste Hauptäste. Notieren Sie Ihre Gedanken, wie sie kommen: jene, die zu einem vorhandenen Ast passen, werden als Zweige angehängt, bei anderen gibt es einen neuen Ast. Wichtig ist vor allem, dass kein Gedanke verloren geht und der Gedankenfluss möglichst wenig gestört wird. Die Beziehungen zwischen den Ästen können Sie mit Pfeilen sichtbar machen und sich zu Ergänzungen und weiteren Ideen anregen lassen.

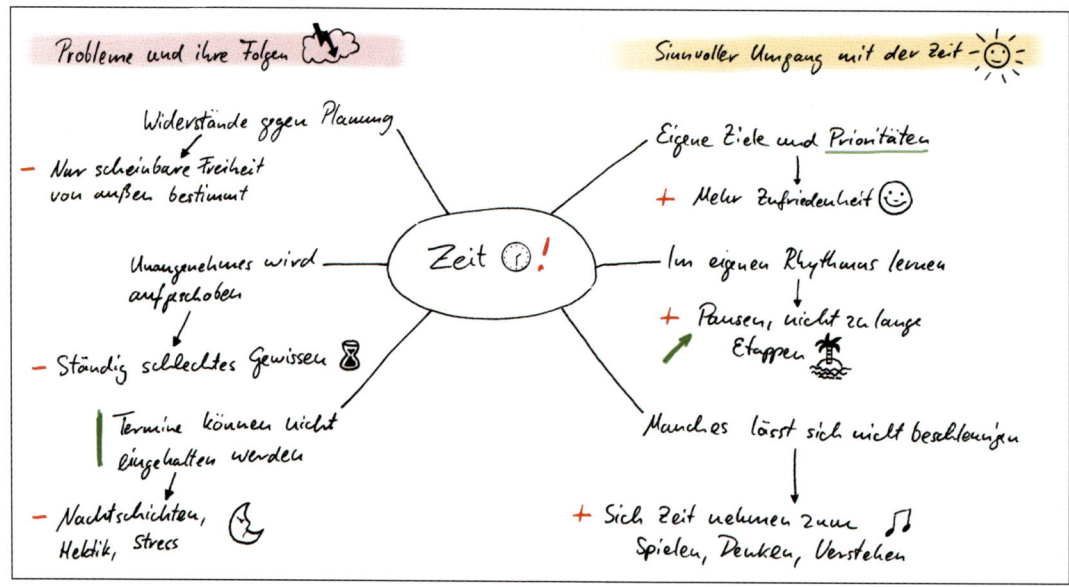

Markieren mit Leuchtstiften (Textmarkern)

Das Markieren mit Leuchtstiften eignet sich zur Aufbereitung von abgegebenen Unterlagen. Es kann ergänzt werden durch das Anbringen von Symbolen und Verweisen am Rand. Damit machen wir sichtbar, auf was wir später achten wollen, welche Beziehungen bestehen.

Auch dazu werden teilweise ausgefeilte Systeme empfohlen: Manche arbeiten mit verschiedenen Farben für verschiedene Textteile, z.B. orange für Definitionen und Schlüsselbegriffe, gelb für wichtige Namen und Daten, grün für Zusammenfassungen und Schlussfolgerungen. Grundsätzlich gilt jedoch, dass besser nur sparsam markiert wird, damit die einzelnen Stellen noch ins Auge fallen. Zu empfehlen ist, nicht beim ersten Durchlesen zu markieren, sondern zuerst den Text durchzulesen und zu überlegen, welches die wichtigsten Aussagen sind.

Der Seitenrand kann verwendet werden, um Verweise auf andere Quellen (z.B. Seitenzahl des entsprechenden Lehrbuches), Fragezeichen für Unklarheiten, Ausrufezeichen für besonders Wichtiges, Gliederungshinweise usw. anzubringen. Vielleicht macht es Ihnen Spaß, ein eigenes System von Symbolen und Abkürzungen zu erfinden.

Weitere Möglichkeiten der Aufbereitung sind Zusammenfassungen in Tabellenform, Gliederungen mit Zwischentiteln, Skizzen, Grafiken, bei denen die Ideen und Gedanken zu einem Netz verknüpft werden, hierarchische Darstellungen oder ein Zeitstrahl, der die Abfolge oder Parallelität von Ereignissen aufzeigt.

Auch wenn vielleicht eine Lehrperson, Mitschülerinnen oder Mitschüler auf ein bestimmtes System schwören und Ihnen als das einzig Richtige anpreisen: Prüfen Sie verschiedene Möglichkeiten und übernehmen Sie jenes, das Ihnen selbst am besten entspricht, oder entwickeln Sie ein eigenes System, wenn Sie mit den vorgegebenen nicht zurecht kommen.

Welches Vorgehen entspricht Ihnen?
Welches wollen Sie einmal ausprobieren?

- ☐ Vorbereitete Aufteilung der Notizblätter
- ☐ Mindmaps
- ☐ Grafische Darstellungen
- ☐ Arbeit mit Leuchtstiften
- ☐ Markierungen am Seitenrand
- ☐ Tabellen
- ☐ Andere: ....

Halten Sie Ihre Erfahrungen damit in Ihrem Lerntagebuch oder am Schluss der Buches (S. 94) fest.

Wissensmanagement

Wie behalte ich den Überblick?

» Andreas ist ein »Entsorger«; er neigt dazu, erhaltene und erstellte Unterlagen schnell wieder loszuwerden oder auf dem Computer zu löschen. Seine Schwester Natalie ist eine »Sammlerin« und versucht, alles aufzubewahren und zu speichern. Dieser unterschiedliche Umgang mit Informationen führt immer wieder zu Auseinandersetzungen: Andreas preist seinen leeren Tisch und seine übersichtlichen Schränke und wirft Natalie ihre Stapel ohne System vor. Natalie ärgert sich immer wieder, dass Notizen, Zeitungsausschnitte oder PC-Dateien der letzten Aufräumaktion von Andreas zum Opfer gefallen sind, und weist triumphierend Unterlagen vor, die sie mit sicherem Griff aus einem ihrer Stapel hervorzieht.

Worum geht es?

Zu welchem Typus gehören Sie? Stehen Sie dazu, dass Sie nicht gerade ordnungsliebend sind? Ärgert Sie immer wieder die Zeit, die Sie mit langwierigen Suchaktionen verbringen und die Sie lieber mit angenehmeren Dingen als der frustrierenden Suche nach unauffindbaren Unterlagen verbringen würden?

Vermutlich kann kein noch so guter Ratschlag aus einem Sammler einen Entsorger machen. Natürlich ist es schwierig festzulegen, was wir wegwerfen und was aufbewahren wollen. Einerseits sollen die Papierberge nicht ins Unermessliche anwachsen, andererseits keine wichtigen Informationen verloren gehen.

Welches Ordnungssystem entspricht mir?

Wir wissen im Grunde, dass ein auf die eigenen Bedürfnisse zugeschnittenes Ordnungssystem viel Zeit sparen kann.

Es lohnt sich deshalb, sich ein sinnvolles und dem eigenen Lerntyp entsprechendes Ordnungssystem zu überlegen. Einige Möglichkeiten sind Klarsichtmäppchen, Ordner, Karteien usw., die gut beschriftet sind, die Zuordnung verschiedener Farben, Bilder oder Symbole zu Fächern oder Wissensgebieten mit entsprechenden Aufklebern und Einbänden. Die Ordnung soll dabei Zeit sparen und nicht Selbstzweck sein; vor allem ist es wichtig, dass wir neue Unterlagen schnell zuordnen können, bevor sich die Stapel bilden. Jeweils nach Abschluss einer Lernetappe räumen wir alles an seinen Platz, um am nächsten Tag wieder frisch beginnen zu können.

Auch den Arbeitsplatz gestalten wir so, dass wir gerne dort arbeiten und alle benötigten Hilfsmittel in Reichweite sind (Lexika, Duden, Wörterbücher, Kassettenrekorder für das Fremdsprachentraining?).

Wie behalte ich den Überblick über meine PC-Dateien?

Wichtig ist Ordnung auch auf dem Computer. Wir können viel Zeit verschwenden, wenn wir nicht mehr wissen, wo wir einen Text gespeichert haben, oder wenn viele irrelevante bzw. nicht mehr aktuelle Texte die Hard Disk überquellen lassen.

Überblick bei Literaturrecherchen

Wenn wir für ein Projekt oder eine größere Arbeit über einen längeren Zeitraum Informationen zusammentragen oder erarbeiten, empfiehlt es sich, gleich zu Beginn einige Gedanken auf ein Ordnungssystem zu verwenden.

Vor allem an Hochschulen und in Weiterbildungen sind oft Literaturrecherchen durchzuführen. Dann benötigen wir einen Überblick über die bereits bearbeiteten Bücher, damit wir nicht mehrmals dasselbe Buch erfolglos nach einer Information durchsuchen und bei unseren Arbeiten saubere Quellenangaben machen können. Es empfiehlt sich, Bücher, bei denen wir beim ersten Durchblättern sehen, dass sie nichts Neues bringen, gar nicht erst auszuleihen, sondern nur einen entsprechenden Vermerk in unserem Literaturverzeichnis (vgl. S. 78) anzubringen. Ebenso vermerken wir darin, für welches Projekt wir uns auf Informationen aus einer bestimmten Quelle stützen.

Brauchen wir die Informationen nur für eine Arbeit, können wir Karteikarten verwenden. Für jedes Buch bzw. jede Quelle wird eine Quellenkarte erstellt, die die bibliographischen Angaben für das Quellenverzeichnis (vgl. S. 78) enthält (Autorenname, Titel, Untertitel des Buches, Erscheinungsort und -datum). Weitere Informationen, Zitate und Zusammenfassungen werden auf getrennte Karten notiert, die mit einem Schlagwort überschrieben und mit einem klaren Verweis auf die entsprechende Quellenkarte versehen werden.

Wenn wir häufiger Literatur bearbeiten, lohnt sich ein computergestütztes System, das gleichzeitig die bibliographischen Daten, die Schlagworte und Verweise und unsere Bemerkungen erfasst. Es gibt dazu verschiedene Programme. Die Abbildung zeigt ein Beispiel, das mit Filemaker erstellt wurde.

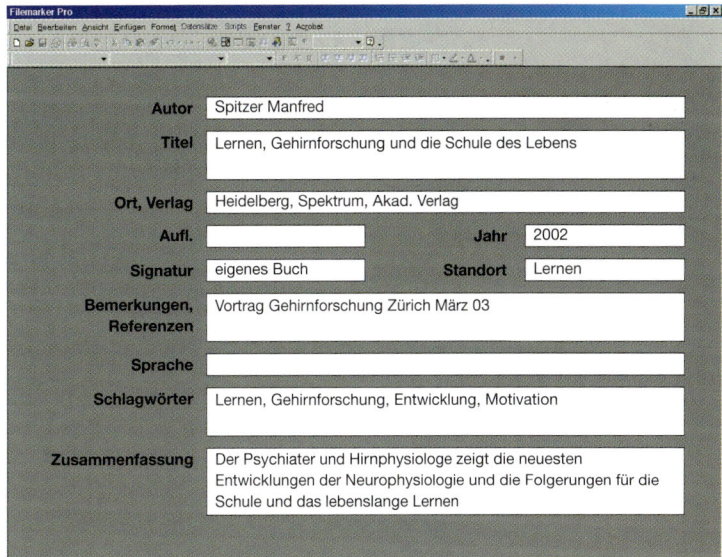

Der Vorteil dieses Programms, das auch für Adress- und Telefonlisten verwendet werden kann, liegt darin, dass die Daten nur einmal eingegeben werden müssen und dann unterschiedliche Layouts (Listen, Eingabe usw.) erstellt werden können. In jedem Feld kann gesucht werden, beispielsweise im Feld Schlagwörter nach Gehirnforschung.

Mit der nachfolgenden Checkliste können Sie prüfen, ob Ihr Ordnungssystem Ihren Bedürfnissen entspricht.

Checkliste Ordnungssystem

Entspricht mein Ordnungssystem folgenden Bedingungen? Ja Nein

1. **Mein Arbeitsplatz entspricht meinen Bedürfnissen:**
   Alle Hilfsmittel sind vorhanden und ich kann in Ruhe arbeiten. ☐ ☐

2. **Mein Ordnungssystem erspart mir den Zeitaufwand für große Suchaktionen:**
   Ich bewahre Hefte, Lehrmittel, Arbeitsunterlagen und Prüfungsblätter geordnet auf. ☐ ☐

3. **Mein Ordnungssystem ist auf meine Bedürfnisse zugeschnitten:**
   Ich weiß, wo ich Notizen, Kursunterlagen, Computerausdrucke usw. einordnen und später suchen muss. ☐ ☐

4. **Mein Ordnungssystem ist übersichtlich:**
   Ich kann Unterlagen auch dann schnell finden, wenn ich beim Suchen von einer anderen Frage ausgehe als beim Einordnen. ☐ ☐

5. **Mein Ordnungssystem ist flexibel:**
   Informationen und Unterlagen, die zu verschiedenen Zeiten und zu verschiedenen Bereichen anfallen, können nach Inhalten geordnet werden. ☐ ☐

6. **Mein Ordnungssystem ist leicht zu handhaben:**
   Neu hinzugekommene Unterlagen können schnell eingeordnet werden. ☐ ☐

7. **Alle Unterlagen sind vollständig beschriftet:**
   Bei allen Unterlagen ist angegeben, aus welcher Quelle sie stammen. Zwischen Informationen aus anderen Quellen und eigenen Überlegungen ist klar unterschieden. ☐ ☐

8. **Ich räume regelmäßig auf:**
   Nicht mehr benötigte Notizen, Entwürfe, veraltete Unterlagen werden entsorgt. ☐ ☐

9. **Auch auf dem PC habe ich ein sinnvolles Ordnungssystem:**
   Ich habe ein übersichtliches System von Ordnern, denen ich neue Texte zuordnen kann. ☐ ☐

   Ich sichte regelmäßig die vorhandenen Dateien und lösche die nicht mehr benötigten. ☐ ☐

   Ich mache regelmäßig Sicherungskopien von wichtigen Dateien. ☐ ☐

   Ich beschrifte gespeicherte Texte aus dem Internet und ordne sie so, dass ich sie bei Bedarf leicht finde. ☐ ☐

Meine Schlussfolgerungen

In welchem Bereich habe ich Ordnungsprobleme?

Was will ich ändern?

Weitergeben

Fach- und Semesterarbeiten

Wie schreibe ich eine Facharbeit?

An vielen Gymnasien und Berufsschulen wird von den Schülerinnen und Schülern eine selbstständige schriftliche Arbeit verlangt. Das Verfassen einer solchen größeren Arbeit ist zeitintensiv; es lohnt sich deshalb, die Vorbereitung systematisch anzugehen.

Manche Hinweise und Tipps dazu ergeben sich bereits aus anderen Kapiteln: Die Suche nach Informationen in Büchern, Bibliotheken, im Internet oder aus anderen Quellen wurde im Kapitel »Hilfe in der Informationsflut«, S. 59, das Bearbeiten von Texten im Kapitel »Lesen mit eigenen Zielen«, S. 48, das Aufbereiten von Informationen im Kapitel »Notizen ...«, S. 64 und die Zeitplanung im Kapitel »Zeitplanung«, S. 43, beschrieben. Was beim Erstellen einer Facharbeit besonders wichtig ist, wird hier in Form von Fragen und Antworten zusammengefasst und erweitert.

Fragen und Antworten zu größeren schriftlichen Arbeiten

A. Welches Thema soll ich wählen?

Folgende Probleme können auftreten:

- Vielen Schülerinnen und Schülern fällt es schwer, ihr Thema klar einzugrenzen. Sie stecken sich zu ehrgeizige Ziele oder nehmen sich eine sehr umfassende Fragestellung vor, die innerhalb der gegebenen Fristen nicht bearbeitet werden kann.
- Auf der anderen Seite können sich auch Schwierigkeiten ergeben, wenn das Thema zu eng gewählt ist, indem beispielsweise nicht genügend Material gefunden wird.
- Manche Lernende übernehmen ein Thema, zu dem sie keine Beziehung haben; sie glauben lediglich, dass es einfach und schnell zu bearbeiten ist. Dabei vergessen sie, dass sie dennoch in ihre Arbeit viel Zeit und Mühe stecken müssen; bei fehlender Motivation fällt ihnen dies jedoch viel schwerer, als wenn sie selbst an den Ergebnissen interessiert sind.

Gewinn bringend kann es sein, nach einem Thema zu suchen, das eine Querbeziehung zwischen zwei Schulfächern oder zwischen einem Schulstoff und einem Hobby darstellt. Auf diese Weise können Sie eine neue Sicht entdecken oder Ihre Vorkenntnisse für die Arbeit nutzen.

Bevor Sie sich auf ein Thema festlegen, prüfen Sie nochmals die Vorgaben und Erwartungen der zuständigen Lehrperson oder die Wegleitung der Schule zu Umfang, Fachgebiet, möglichen Methoden, den Fristen und Bedingungen.

B. Wie ordne ich meine Ideen?

Der nächste Schritt besteht darin, möglichst viele Gedanken zum Thema zu sammeln. Worauf will ich hinaus? Welcher Aspekt interessiert mich am meisten?

Zum Festhalten dieser Ideen gibt es verschiedene Möglichkeiten:

- Bei einem Stichwortkonzept notieren Sie Stichworte und Gedanken zum Thema untereinander. Jeder aufgeschriebene Gedanke regt weitere Gedanken an, die ebenfalls notiert werden. In einem nächsten Schritt können die Stichworte mit Farben, Ziffern und Symbolen bewertet und geordnet werden.
- Vielleicht machen Sie ein Brainstorming oder eine Ideenkonferenz mit anderen zusammen.
- Ein Mindmap (vgl. S. 68) hilft Ihnen, Ideen, Gedanken und Argumente zu einem Thema festzuhalten und zu einem Netz zu verknüpfen. Aufgeschrieben wird zuerst der Kernbegriff, darum herum werden alle Einfälle und Begriffe notiert und anschließend die zusammengehörenden Aspekte mit Linien oder Pfeilen verbunden, allenfalls Farben und Zeichnungen eingesetzt.
- Bei so genannten Clustern geht man von mehreren Begriffen aus, die zueinander in Beziehung gesetzt werden. Auch das kann ein guter Ausgangspunkt für den Aufbau der Arbeit sein.

C. Welchen Zugang wähle ich?

Wenn das Thema feststeht, muss als Nächstes überlegt werden, auf welche Weise es bearbeitet wird. Manche Semesterarbeiten sind reine Literaturarbeiten, bei denen aus Fachbüchern und Artikeln die Informationen zu einer bestimmten Frage zusammengetragen und übersichtlich dargestellt werden. In anderen Fällen werden eigene Untersuchungen, Experimente oder Befragungen durchgeführt, und es wird über die Ergebnisse und Schlussfolgerungen berichtet.

> Nina, Alex und Tanja haben alle das Thema »Asylsuchende« gewählt. Nina beschafft sich Statistiken über Zahl und Herkunft der Asylsuchenden in den letzten fünf Jahren, Unterlagen zur wirtschaftlichen und politischen Situation in den verschiedenen Herkunftsländern, über die Gesetzgebung und die Zahl der positiven Entscheide. Alex besucht ein Zentrum für Asylsuchende, spricht mit verschiedenen Familien und beschreibt ihre Schicksale. Tanja diskutiert die Asylpolitik in der Schule, in der Familie und im Bekanntenkreis und stellt die verschiedenen Meinungen und Argumente dar.

Wie das Beispiel zeigt, kann der Zugang zu einem Thema unterschiedlich sein: Ein Gebiet, eine Entwicklung oder die Entstehung eines Problems können möglichst objektiv beschrieben, alle wichtigen Fakten zusammengetragen und neutral präsentiert werden; es kann ein einzelner Aspekt herausgegriffen und anschaulich und umfassend dargestellt werden; oder es werden Meinungen und Argumente verschiedener Personen oder Gruppierungen einander gegenübergestellt.

Jeder Zugang ist vollkommen legitim, solange wir darüber Rechenschaft ablegen. Es kann sehr wertvoll sein, einzelne Aspekte herauszugreifen – nur dürfen wir dann keinen Anspruch auf Vollständigkeit und Objektivität erheben. Wenn wir unsere eigene Ansicht darstellen, müssen wir andere Meinungen ebenfalls respektieren und uns auch auf Widerspruch gefasst machen. Der Aufbau richtet sich nach dem gewählten Zugang.

D. Wie plane ich die Zeit?

Viele Schülerinnen und Schüler geraten durch eines oder mehrere der folgenden Probleme in zeitlichen Rückstand:

- Sie brauchen mehr Zeit als geplant, bis ihr Konzept steht, oder sehen plötzlich ein, dass sie einen falschen Ansatz gewählt haben.
- Sie vergessen bei der Materialbeschaffung, dass Bücher nicht immer sofort verfügbar oder Auskunftspersonen nicht immer erreichbar sind (vgl. F.).
- Sie unterschätzen den Zeitaufwand beim Schreiben.
- Sie haben Probleme mit der EDV, der Computer stürzt ab, sie haben nicht rechtzeitig gespeichert und kein Backup erstellt.
- Sie gehen davon aus, dass sie beim Vorliegen des ersten Entwurfs »praktisch fertig« sind, und kommen dann bei der Überarbeitung in große Zeitnot.

Das Erstellen einer größeren schriftlichen Arbeit besteht aus vielen Teilarbeiten, die teilweise parallel laufen können. Das Formular auf S. 79 kann Sie bei Ihrer Planung unterstützen. Schätzen Sie die für die einzelnen Schritte benötigte Zeit, planen Sie genügend Reserve ein und legen Sie die Termine fest, wann Sie das Konzept, erste Teile oder Entwürfe mit der Lehrperson besprechen wollen, oder Drittpersonen die Arbeit durchlesen und Rückmeldungen geben sollen. Wichtig ist, dass die erste Fassung so rechtzeitig vorliegt, dass genügend Zeit bleibt, um selbst Abstand zu gewinnen, Rückmeldungen von andern einzuholen und dann die ganze Arbeit nochmals systematisch durchzuarbeiten.

E. Was gehört zu einer Disposition?

Das Thema, die wichtigsten Ziele und Fragestellungen, das Vorgehen, die Grobgliederung sowie eine Übersicht über bereits vorhandene Unterlagen und die geplanten Zugänge für die zu beschaffenden Informationen (Fachleute, Abklärungen) werden zusammengestellt. Dieses Konzept wird mit der betreuenden Lehrperson besprochen.

F. Wo finde ich mein Material?

Ausführliche Hinweise zur gezielten Informationssuche finden Sie im Kapitel »Hilfe in der Informationsflut« auf S. 59. Nicht alle Informationen sind sofort zugänglich. So müssen wir uns beispielsweise nach Öffnungs- und Ferienzeiten von Bibliotheken und deren Ausleihbedingungen richten. Wir können nicht davon ausgehen, dass ein gewünschtes Buch vorhanden ist. In der Regel sind manche Bücher bereits ausgeliehen und wir können unsere Bestellung nur vormerken lassen. Auch bei geplanten Interviews sind oft mehrere Anfragen erforderlich und muss längerfristig geplant werden.

G. Wie bearbeite ich das gefundene Material?

Wichtig ist, dass Sie sowohl bei Büchern als auch beim Auswerten von Untersuchungen gezielt von Ihren eigenen Fragestellungen und nicht einfach vom vorhandenen Material ausgehen.

Beim Bearbeiten von Literatur verwenden wir am besten Karteikarten, systematische Notizen oder ein Literaturverarbeitungsprogramm (vgl. S. 71), halten laufend die wichtigen Informationen fest und versehen sie mit unseren Stichworten und Gliederungshinweisen. Bei allen gesammelten Informationen muss angegeben werden, aus welcher Quelle sie stammen.

Beim ersten Sichten der Unterlagen ergibt sich oft, dass über wichtige Aspekte zu wenig Material vorliegt, dass uns einiges selbst noch unklar ist. Vielleicht müssen einzelne Problemstellungen beiseite gelassen, andere aus einer neuen Perspektive angegangen werden. Möglicherweise widersprechen sich auch Aussagen und Ergebnisse zu einer Frage, sodass zusätzliche Informationen eingeholt werden müssen.

H. Wann beginne ich mit Schreiben?

Beginnen Sie so früh wie möglich mit Schreiben. Es fällt den meisten Leuten wesentlich leichter, ihre Gedanken zu Papier bzw. in den Computer zu bringen, wenn es sich zunächst um einen Skizze handelt, die noch bearbeitet wird. Wer versucht, gleich zu Beginn schon »definitiv« zu formulieren, wird meist endlos mit seinen Sätzen ringen. Vieles ergibt sich fast von selbst beim nächsten Durchlesen.

Beim Verfassen des ersten Entwurfs geht es zunächst darum, den Aufbau der Arbeit zu bestimmen. Die Gliederung muss auch für die zukünftigen Lesenden sichtbar gemacht werden. Es genügt meistens nicht, nur Titel aneinander zu reihen – es muss auch erkennbar sein, welches Haupt- und welches Unterkapitel sind, welche Abschnitte neben- und welche übergeordnet sind. Gliederungshilfen sind Größe und Schrift der Titel, Nummerierung mit römischen und/oder arabischen Zahlen, Groß- und Kleinbuchstaben. Auch das Inhaltsverzeichnis wird entsprechend dargestellt und zeigt den Lesenden den Aufbau der Arbeit.

Prüfen Sie, welche Illustrationen, Tabellen oder grafischen Darstellungen Sie übernehmen (mit Quellenangabe) oder selbst erstellen wollen. Komplizierte Sachverhalte werden durch Grafiken oft leichter verständlich. Es gibt viele Möglichkeiten, Ergebnisse übersichtlich aufzuzeigen, von Tabellen über Kurven und Skizzen bis zu Säulen-, Balken- oder Kreisdiagrammen. Computerprogramme erleichtern die Umsetzung von Zahlen in verschiedene Arten der Darstellung.

Vergessen Sie nicht, Ihre Texte und Dokumente regelmäßig auf verschiedenen Datenträgern zu speichern!

J. Wie wird der Text ausgearbeitet?

Nachdem die Gliederung und die Art der Darstellung fest stehen, wird der Text ausgearbeitet. Wenn wir frühzeitig mit Schreiben begonnen haben, sind jetzt die Formulierungen, die Sätze und die Wortwahl auf Klarheit und Verständlichkeit zu überprüfen und zu ergänzen.

Wenn wir Absätze umstellen, Illustrationen einfügen, achten wir darauf, dass die Übergänge stimmen und die neue Abfolge sinnvoll ist.

Beim Ausarbeiten werden auch das Vorwort, die Schlussfolgerungen, die Inhalts-, Literatur- und Quellenverzeichnisse erstellt.

K. Welche Regeln gelten für Zitate?

Für Zitate und Literaturverweise gelten klare Regeln: Jeder Hinweis, den wir aus einem Buch übernommen haben, jedes fremde Forschungsresultat, von dem wir berichten, verlangt eine

Quellenangabe. Bei der Erwähnung im Text werden im Allgemeinen der Name des Autors bzw. der Autorin sowie das Publikationsjahr in Klammern angegeben. In einer Fußnote oder im Literaturverzeichnis folgen alle wichtigen Informationen: Name und Vorname des Verfassers / der Verfasserin, Titel und Untertitel des Buches, Erscheinungsort und -jahr.

Wörtliche Zitate werden durch Anführungszeichen am Anfang und am Ende gekennzeichnet; sie müssen genau übernommen werden, mit der Rechtschreibung des Originals. Bei wörtlichen Zitaten wird neben den bereits aufgeführten Angaben auch die Seitenzahl der Publikation, wo das Zitat gefunden wurde, angegeben.

L. Wie werden die Quellen belegt?

Im Literatur- bzw. Quellenverzeichnis am Ende der Arbeit nennen wir, alphabetisch nach Verfassernamen geordnet, alle für die Arbeit benutzten Quellen. Für die Darstellung gibt es verschiedene Gepflogenheiten.

Bei Büchern ist folgende Form verbreitet:
- Nachname, Vorname (Erscheinungsjahr): Titel; Untertitel. Erscheinungsort.

Bei Beiträgen aus Sammelwerken wird zuerst der Autor bzw. die Autorin des verwendeten Beitrages, dann der oder die Herausgeber der Publikation aufgeführt:
- Name, Vorname (Erscheinungsjahr): Titel des Beitrages. In: Name (Hrsg.), Titel der Publikation. Erscheinungsort. Seitenzahlen des Beitrages.

Ähnlich ist es bei Zeitschriftenartikeln:
- Name, Vorname (Erscheinungsjahr): Titel des Artikels. In: Name der Zeitschrift, Jahrgang (Ausgabe), Seitenzahlen des Beitrages.

WWW-Dokumente werden wie folgt angegeben:
- Name, Vorname des Autors oder der Institution, Titel und Untertitel, Erscheinungsdatum der Quelle (falls vorhanden), Ort bzw. genaue Webadresse, Fundzeit oder Datum der Webseite (da diese sich laufend ändern kann).

M. Wie gewinne ich Distanz?

Nach der Niederschrift empfiehlt es sich, sein Werk Drittpersonen zum kritischen Durchlesen zu geben. Auch wir selbst benötigen eine zeitliche Distanz von mehreren Tagen. Wenn Sie anschließend alles nochmals auf Verständlichkeit, Lesbarkeit und Darstellung überprüfen, versuchen Sie, sich in die Lage der Lesenden zu versetzen: Wie wirkt der Text? Liest er sich leicht oder kommen komplizierte, unnötig verschachtelte Sätze vor (dies stellen Sie am besten durch lautes Lesen fest)? Sind die Wortwahl und der Satzbau abwechslungsreich? Sind die Ausführungen klar und anschaulich, gibt es genügend Auflockerungen, Abbildungen und Beispiele?

N. Was ist beim Fertigstellen zu beachten?

Sowohl aus unserer eigenen Durchsicht wie auch aus den Rückmeldungen der erwähnten Drittpersonen ergeben sich nochmals Änderungen und Ergänzungen. Die Zeit, die für deren Berücksichtigung und Einarbeitung benötigt wird, darf nicht unterschätzt werden.

Achten Sie beim Fertigstellen auch auf das äußere Erscheinungsbild der Arbeit, d.h. auf Layout, Aufmachung, Darstellung, Titelseite. Mit dem PC können Sie den Text ansprechend gestalten; Untersuchungen zeigen, dass die Beurteilung einer Arbeit auch von deren Aussehen beeinflusst wird.

Zeitplan für größere Arbeiten

Teilarbeit	Bemerkungen	Zeitaufwand geschätzt	erledigen bis	besprechen mit
Thema wählen und eingrenzen	<ul><li>Ideensammlung, Brainstorming, Mindmap</li><li>Eigene Interessen einbeziehen</li><li>Vorgaben zu Umfang, Fristen etc. beachten</li><li>Zugänge prüfen</li></ul>			
Bearbeitungsart festlegen, Disposition erstellen	<ul><li>Literaturarbeit, eigene Untersuchung, Interviews, Stellungnahme</li><li>Umfang festlegen</li><li>Erste Gliederung erstellen</li></ul>			
Informationen suchen	<ul><li>Lexika, Standardwerke usw. prüfen</li><li>Büchersuche in mehreren Bibliotheken</li><li>Archive, Dokumentationsstellen</li><li>Internet-Abfragen</li><li>Eig. Untersuchungen, Beobachtungen</li><li>Interviews</li></ul>			
Material sichten, Wichtiges festhalten	<ul><li>Mit Karteikarten (Bücher-, Schlagwort-, Quellenkarten) oder EDV-Datei arbeiten</li><li>Informationen überprüfen, gewichten, aussortieren</li></ul>			
Aufbau bestimmen	<ul><li>Strukturieren</li><li>Titel und Untertitel festlegen</li></ul>			
Informationen aufbereiten	<ul><li>Weitere Unterlagen zusammenstellen, offene Fragen klären, Ergänzungen</li><li>Zusammenhänge veranschaulichen</li><li>Tabellen, Illustrationen erstellen</li></ul>			
Entwurf erstellen	<ul><li>Feingliederung erstellen</li><li>Ausformulieren (wenn möglich mit PC)</li></ul>			
Ausarbeiten	<ul><li>Texte auf Verständlichkeit überprüfen</li><li>Formulierungen, Wortwahl bearbeiten</li><li>Vorwort, Zusammenfassung, Literatur- und Inhaltsverzeichnis schreiben, Regeln für Quellenangaben einhalten</li><li>Vollständigkeit prüfen</li></ul>			
Überarbeiten, Endfassung	<ul><li>Rückmeldungen berücksichtigen</li><li>Detailkorrekturen anbringen</li><li>Layout, Erscheinungsbild optimieren</li><li>Abgabetermin einhalten</li></ul>			

Einen Vortrag halten

Wie präsentiere ich einen Vortrag?

Die Vorbereitung, die Themensuche, die Suche nach und kritische Bewertung der gefundenen Informationen sind bei einem Vortrag ähnlich wie bei schriftlichen Arbeiten.

Hier ergänzend noch einige Fragen und Antworten, die speziell für Vorträge gelten:

Was gilt für die Themenwahl bei Vorträgen?

Die Themenwahl bei Vorträgen ist meist weniger frei als bei schriftlichen Arbeiten, weil sie in den Rahmen des Fachunterrichts passen müssen. Wir prüfen deshalb noch genauer als bei schriftlichen Arbeiten, welches der Zusammenhang mit dem Fach ist. Wichtig ist auch, sich mit den Adressaten auseinander zu setzen und sich zu überlegen, was für die Zuhörenden interessant sein könnte, was sie schon wissen, wo wir anknüpfen können.

Brauche ich ein Manuskript?

Im Allgemeinen ist es bei einem Vortrag nicht zu empfehlen, ein durchformuliertes Manuskript zu erstellen. Das Manuskript dient vor allem Ihrer eigenen Beruhigung und soll sicherstellen, dass Sie nichts Wichtiges vergessen. Dies können Sie auf verschiedene Arten erreichen:

Vielleicht fühlen Sie sich sicherer, wenn Sie alles ausformulieren, um sich immer wieder durch einen Blick zu orientieren, wo Sie stehen und was als Nächstes kommt. Aber selbst wenn Sie ein ausformuliertes Manuskript haben, sollten Sie nicht alles ablesen, sondern es nur als Gedächtnisstütze nutzen. Stellen Sie vor allem immer wieder den Blickkontakt mit den Zuhörenden her.

Falls Sie schon über eine gewisse Routine verfügen, können Sie mit Karten arbeiten, auf die Sie Ihre Stichworte notieren. Die Formulierungen auf den einzelnen Karten sind gut zu überlegen; andernfalls kann es leicht geschehen, dass Ihnen in der Aufregung nicht mehr alles einfällt, was Sie mit den Stichworten gemeint haben, und Sie viel zu schnell fertig sind.

Günstig kann es sein, wenn Sie Ihren Vortrag anhand von Übersichtsfolien oder mit Powerpoint gestalten: Sie haben dabei das Gerüst vor Augen, verlieren nicht den Faden und können dennoch frei kommentieren, Beispiele einfügen, auf Fragen eingehen und ergänzen. Auch die Zuhörenden können sich laufend über Aufbau und Zusammenhänge orientieren.

Stehen zwei Projektoren zur Verfügung, können Sie mit einem die Übersicht über den Vortrag zeigen, mit dem anderen wechselnde Informationen, Grafiken, Zitate.

Was hilft gegen Lampenfieber?

Die meisten Menschen, Jugendliche wie Erwachsene, sind etwas aufgeregt, wenn sie vor einem größeren Publikum sprechen müssen. Tritt das Lampenfieber nur vorher auf, ist es nicht weiter schlimm. Sie werden dadurch angespornt, sich noch besser vorzubereiten.

Der Beruhigung dient es, wenn Sie ein Thema wählen, das Ihnen liegt und von dessen Wichtigkeit Sie überzeugt sind. Überlegen Sie dann, wie Sie das Interesse der Zuhörenden wecken können. Sicherheit gewinnen Sie, wenn Sie einen guten Beginn und einen überzeugenden Schluss wählen und diese Sätze besonders üben oder auswendig lernen.

Wer fürchtet, während des Vortrages in Panik zu geraten oder stecken zu bleiben, braucht vor allem Sicherheit. Üben Sie den Vortrag vor wohlgesinnten Angehörigen oder vor dem Spiegel, bis Sie ihn gut beherrschen. Kontrollieren Sie dabei auch die für den ganzen Vortrag benötigte Zeit.

Sind Äußerlichkeiten wichtig?

Wenn wir ehrlich sind, müssen wir zugeben, dass das Aussehen, die Kleidung und die Gesten von Lehrpersonen ebenso wie von Fernsehmoderatoren oder Politikern unsere Sympathie und unsere Aufmerksamkeit beeinflussen, vor allem wenn diese Äußerlichkeiten auffällig sind oder uns stören. Es ist deshalb empfehlenswert, sein Äußeres den Erwartungen des Publikums anzupassen, auf seine Körperhaltung zu achten und weder hektisch herumzuzappeln, noch sich krampfhaft am Pult oder an den Notizen festzuhalten. Bitten Sie vor allem jene, die Ihnen beim Üben Ihres Vortrags zuhören, Sie auf solche Dinge aufmerksam zu machen.

Welchen Einstieg soll ich wählen?

Besonders wichtig ist der Einstieg in unseren Vortrag. Mit einem Scherz, einem treffenden Zitat, mit Musik ab Tonband, einer kurzen Videosequenz, einem aktuellen Bezug, einem unerwarteten Beispiel oder einer spannenden Frage können wir die Aufmerksamkeit der Zuhörenden gleich zu Beginn gewinnen.

Alle Leute lachen gerne: Wir hören und lesen so viele Witze, Scherzfragen, Anekdoten – es lohnt sich, die besten zu notieren, um eine Auswahl zur Verfügung zu haben, wenn wir sie brauchen.

Wie kann ich mein Publikum einbeziehen?

Der wichtigste Grundsatz besteht darin, die Zuhörenden einzubeziehen, nicht abgehoben vor ihnen, sondern zu ihnen zu sprechen. Dies bedeutet, sie anzusehen, auf ihre Reaktionen zu achten, Fragen aufzugreifen, Bezüge zu deren Interessen herzustellen.

Aktivieren Sie Ihr Publikum: Vielleicht können Sie am Anfang mit einem kleinen Quiz testen, was die Zuhörenden bereits über Ihr Thema wissen. Bauen Sie kleine Übungen oder Experimente ein, geben Sie immer wieder Gelegenheit zu Fragen oder Kommentaren, fordern Sie zu einem kurzen Austausch mit dem Nachbarn, der Nachbarin auf.

Stellen auch Sie Fragen an die Zuhörenden, fordern Sie es zu Stellungnahmen auf oder lassen Sie es mittels farbigen Klebepunkten über Meinungen und Prioritäten abstimmen.

Wie kann ich das Gesagte veranschaulichen?

Bieten wir auch den Augen etwas. Manche Lernende können bekanntlich Informationen über das Ohr leichter aufnehmen, die meisten lernen jedoch besser über die Augen. Wenn wir uns bemühen, unsere Ausführungen zu veranschaulichen, lockern wir nicht nur unseren Vortrag auf, sondern tragen zur besseren Verarbeitung bei.

Geben Sie mit Folie, auf einer Pinnwand oder der Wandtafel einen Überblick über die Gliederung Ihres Vortrages.

Folien lassen sich gut vorbereiten. Wichtig ist, dass sie ansprechend und übersichtlich gestaltet sind, dass eine große Schrift und nicht zu viel Text verwendet wird.

Illustrationen, Zeichnungen, Bilder und Fotos können auf einer Stecktafel vorbereitet oder während des Vortrages angeheftet werden.

Sehr professionell wirkt eine Präsentation mit Powerpoint. Sie brauchen dazu aber etwas Zeit und Übung.

Wie gestalte ich den Vortrag abwechslungsreich?

Abwechslungsreich wird der Vortrag, wenn Sie die Hinweise zur Aktivierung des Publikums und zur Veranschaulichung Ihrer Ausführungen beachten.

Welche Unterlagen gebe ich ab?

Die Zuhörenden sind für Unterlagen dankbar. Überlegen Sie, von welchen Übersichten, Tabellen, Diagrammen oder Definitionen Sie Kopien anfertigen und abgeben können.

Wie kann ich den Zeitrahmen einhalten?

Die meisten Vorträge sind zu lang. Es empfiehlt sich, schon beim Üben des Vortrages zu prüfen, wie lange Sie sprechen und wie viel Zeit für Fragen und Diskussionen verwendet werden kann. Vielleicht bringen Sie auf Ihren Notizen oder Stichwortkarten Hinweise an, zu welchem Zeitpunkt Sie ein Kapitel beginnen wollen; während des Vortrages kontrollieren Sie dann immer wieder die Zeit. Sind Sie im Rückstand, tippen Sie notfalls ein Teilgebiet nur kurz an, damit nicht für den Schluss die Zeit fehlt.

Sind Sie der Zeit voraus, verlangsamen Sie Ihr Sprechtempo, machen kurze Sprechpausen, bauen Abwechslungen ein und geben noch mehr Gelegenheit zu Rückfragen und Kommentaren.

Wie höre ich auf?

Überlegen Sie sich einen »zündenden« Schluss: Einen Appell an die Zuhörenden, einen Ausblick, eine knappe Zusammenfassung, ein originelles Bild.

Wie lerne ich aus meinen Vortragserfahrungen?

Überlegen Sie nach dem Vortrag, was gut geklappt hat und was Sie beim nächsten Mal anders anpacken wollen. Notieren Sie dazu auch die Rückmeldungen der Lehrperson und der Zuhörenden.

Checkliste für die Vorbereitung eines Vortrages

Thema: ....

Datum: .... Ort: ....

Publikum: ....

Was wissen die Zuhörenden bereits von meinem Thema, was könnte für sie interessant sein, was erwarten sie von mir?

Wie viel **Zeit** steht mir insgesamt zur Verfügung?   .... Min.

    Eigene Redezeit   .... Min.

    Zeit für Fragen und Diskussion   .... Min.

    Zeit für Übungen, Gruppenarbeiten usw.   .... Min.

Welchen Einstieg/Aufhänger verwende ich?

Welche Auflockerungen sehe ich vor?

Aufbau: Wie gliedere/unterteile ich den Vortrag?

Welchen Schluss sehe ich vor?

Welche **Methoden** will ich verwenden?   Ideen dazu:

☐ Vortrag mit Diskussion   ....
☐ Übungen   ....
☐ Gruppenarbeiten   ....
☐ Zweiergespräche   ....
☐ Experimente   ....
☐ Spiele, Aktivierung   ....
☐ ....

Welche **Hilfsmittel** benötige ich?

☐ Wandtafel ☐ Pinnwand ☐ Flipchart ☐ Overheadprojektor
☐ Plakate ☐ Tonband ☐ Video ☐ Diaprojektor
☐ Computer ☐ Karten ☐ Zeichenblätter ☐ Schere
☐ Stifte ☐ Klebepunkte ☐ .... ☐ ....

Wer kennt sich mit den benötigten Hilfsmitteln aus und kann mir helfen? ....

Welche Zusammenfassungen, Tabellen usw. will ich den Teilnehmenden abgeben?

....

Welche **Unterlagen** muss ich vorbereiten?

☐ Illustrationen ☐ Folien ☐ Vervielfältigungen ☐ Bilder herunterladen
☐ Übungen ☐ Karten ☐ Kassetten ☐ Texte
☐ Tabellen ☐ Fragebogen ☐ Video bestellen ☐ ....

Auswertung nach dem Vortrag

Was hat gut geklappt, womit bin ich zufrieden?

....

....

Kritische Stimmen:

....

Was will ich das nächste Mal anders versuchen?

....

Prüfungsvorbereitung ohne Stress

Wie bereite ich mich auf Prüfungen vor?

Es ist kein Zufall, dass das Thema Prüfungen am Ende des Buches steht: es umfasst alle vorangehenden Aspekte. Für die Vorbereitung einer Prüfung müssen Sie nicht nur Informationen zusammentragen (Kapitel »Hilfe in der Informationsflut«, S. 59), systematisch lesen (S. 48), und auf übersichtliche Notizen zurückgreifen können (Kapitel »Notizen ...«, S. 64) – Sie profitieren auch von Kenntnissen über die besten Arbeitsbedingungen (Kapitel »Gesundheitsförderndes Verhalten«, S. 32), dem Wissen, wie Sie gemeinsam lernen können (Kapitel »Zusammenarbeiten«, S. 24) und einer guten Zeiteinteilung (Kapitel »Zeitplanung«, S. 43). Gleichzeitig zeigen Prüfungen und ihr Ergebnis, ob die verwendete Lernmethode etwas taugt.

> Simone wendet regelmäßig sehr viel Zeit auf für ihre Prüfungsvorbereitungen. Sie befürchtet immer, nicht genug und nicht das Richtige gelernt zu haben, und paukt verbissen alle Einzelheiten.
>
> Boris ist dagegen ein unverbesserlicher Optimist: Er lernt vor allem jene Gebiete, die ihm liegen, und vertraut darauf, dass er über diese geprüft werde. Immer wieder aufs Neue ist er überrascht, wenn dem nicht so ist.

Viele Leute haben das Gefühl, dass der Ausgang einer Prüfung vom Glück abhängt und sie keinen Einfluss darauf nehmen können. Es gibt aber im Grunde genommen nur vier Ursachen für einen Misserfolg – und gegen alle lässt sich etwas tun:

1. Ungenügende Vorbereitung.
2. Prüfungsangst, die uns hindert, klar zu denken.
3. Schlechte Verständigung: wir verstehen die Frage nicht richtig oder die prüfende Person versteht unsere Antwort nicht.
4. Flüchtigkeitsfehler.

Hier zunächst, wie wir uns optimal vorbereiten können.

A. Laufende Vorbereitung

Am einfachsten ist die Prüfungsvorbereitung, wenn wir im Unterricht mitmachen und sicherstellen, dass wir alles verstanden haben, sowie den neuen Lernstoff regelmäßig aufbereiten und auffrischen, solange er noch präsent ist. Dann sind auch die folgenden Lektionen interessanter, weil wir die größeren Zusammenhänge sehen.

Zu den laufenden und Zeit sparenden Vorbereitungen gehört auch, beim Mitschreiben bereits an die späteren Prüfungen zu denken, Wichtiges zu markieren und die Notizen und Unterlagen regelmäßig zu überarbeiten, allenfalls eigene Gliederungen vorzunehmen. Prüfen Sie rechtzeitig selbst, wo Sie Lücken haben und bemühen Sie sich um deren Schließung.

Tönt dies alles für Sie nach »Streber«, zu denen Sie nicht gehören wollen? Denken Sie daran, dass Sie durch dieses Verhalten viel Zeit sparen, die die anderen bei der Prüfungsvorbereitung damit verbringen müssen, zuerst alles zu verstehen und neu zu lernen!

Checkliste für die Prüfungsvorbereitung

Prüfungsthema: .... Prüfungsdatum: ....

Welche Bereiche umfasst die Prüfung?

....

Art der Prüfung	☐ mündlich ☐ schriftlich
Art der Fragen	☐ Auswahlantworten, die angekreuzt werden müssen
	☐ Offene Fragen, die kurz beantwortet werden können
	☐ Es werden längere Antworten verlangt
	☐ ....
Wie ist mein Wissensstand zum Prüfungsthema?	☐ Ich bin bereits optimal vorbereitet
	☐ Ich bin gut vorbereitet und muss nur noch wiederholen
	☐ Ich muss noch einiges erarbeiten
	☐ Ich habe vieles noch nicht verstanden / nicht gelernt
	☐ Ich muss alles neu erarbeiten

Welche Unterlagen stehen mir für die Vorbereitung zur Verfügung?

☐ Hefte, Notizen, Kursunterlagen ☐ Schulbücher
☐ Fachbücher ☐ Weitere Unterlagen aus Internet, Artikeln usw.

Reichen diese Unterlagen für die Vorbereitung? ☐ Ja ☐ nein

Wenn nein, wie und wo will ich mir weitere Unterlagen beschaffen?

☐ Bibliothek ☐ Gezielte Internetabfrage
☐ Bei Kollegin/Kollegen ☐ ....

Wie hoch schätze ich den Zeitaufwand für die Vorbereitung? .... Stunden / Tage

Welche Zeiten plane ich für die Vorbereitung?

Datum: .... Zeit: .... Datum: .... Zeit: ....
Datum: .... Zeit: .... Datum: .... Zeit: ....

Mit wem will ich mich zum Abfragen und zur Zwischenkontrolle treffen?

....

Welche Daten haben wir für diese Treffen vereinbart?

Datum: .... Teilbereich: ....
Datum: .... Teilbereich: ....

B. Countdown vor einer großen Prüfung

Was muss ich lernen?

Wichtig vor jeder Prüfung ist die Abklärung, was verlangt wird. Dies sollten Sie nicht mühsam ausspionieren müssen, sondern von der prüfenden Lehrperson beantworten lassen: Die Lernenden haben einen Anspruch darauf, die Lernziele zu kennen.

- Bringen Sie in Erfahrung, welche Unterlagen an der Prüfung benutzt werden dürfen und auf welche Weise geprüft wird:
  – Werden Auswahlantworten vorgegeben, die angekreuzt werden müssen?
  – Werden offene Fragen gestellt, die kurz mit einem Wort, einer Zahl oder einer Formel beantwortet werden können?
  – Werden längere Ausführungen verlangt, die Sie selbst gliedern müssen?
- Sehen Sie sich wenn möglich frühere Prüfungen des gleichen Faches bzw. der gleichen Lehrperson an.
- Lernen Sie aus früheren Fehlern: Wenn regelmäßige Prüfungen stattfinden, können Sie frühere Prüfungsblätter zu Rate ziehen: Wo liegen meine Probleme? Welche Fehler mache ich immer wieder? Was sind meine besonderen Schwächen? Was könnte ich dagegen tun?
- Wichtig ist auch, dass Sie sich und Ihren Kenntnisstand realistisch sehen: Was können Sie bereits, was müssen Sie auffrischen, was haben Sie noch nie verstanden?

Wie plane ich die Zeit?

- Machen Sie vor wichtigen Prüfungen einen Zeitplan. Ein Zeitplan hilft Ihnen, den gewohnten Lebensrhythmus weiter einhalten zu können und neben dem Lernen auch Ihre anderen Bedürfnisse nach Bewegung, Hobbys, Entspannung und Kontakten zu berücksichtigen.
- Legen Sie nicht nur fest, was Sie lernen wollen, sondern auch, was Sie weglassen können: Wählen Sie Schwerpunkte aus und setzen Sie dafür genügend Zeit für die Vorbereitungen ein. Planen Sie auch Reservezeiten sowie genügend Zeit für eine Gesamtwiederholung zum Schluss.
- Fangen Sie frühzeitig mit Lernen an und planen Sie regelmäßige Lernetappen, um nicht in Zeitdruck zu kommen. Dazu unterteilen Sie den Lernstoff, Sie setzen Zwischenziele, lernen in Portionen, üben und wiederholen.
- Lernen Sie auch während der härtesten Prüfungsvorbereitung nicht länger als 7 bis 9 Stunden pro Tag.
- Man kann nicht beliebig viele Einzelheiten hintereinander lernen. Wenn Sie sich Daten oder Vokabeln beispielsweise mit dem Lernkärtchensystem (vgl. S. 58) einprägen, brechen Sie nach 15–30 Minuten ab, wiederholen aber immer wieder.
- Nach einiger Zeit konzentrierten Lernens haben Sie eine Pause verdient. Sie ermüden weniger, wenn Sie bewusst zwischen Lesen und Schreiben, Aufnehmen und Wiederholen, zwischen Routinearbeiten und anspruchsvollen Aufgaben wechseln.
- Die erste Zeit nach dem Lernen ist kritisch: Empfehlenswert ist es, neu gelernte Inhalte jeweils am nächsten Tag, nach einer Woche und – bei längerfristigen Prüfungen – nach einem Monat zu wiederholen, um sie besser im Gedächtnis zu verankern (vgl. Kapitel »Zeitplanung«, S. 43).

Wie lerne ich aktiv?

- Suchen Sie sich einen Arbeitsplatz, an dem Sie ungestört und konzentriert lernen können. Wenn dies zu Hause oder in der Schule nicht möglich ist, prüfen Sie den Lesesaal einer Bibliothek.
- Welcher Lernstil entspricht Ihnen und wie können Sie ihn Gewinn bringend bei der Prüfungsvorbereitung einsetzen? Verwenden Sie gerne Farben oder Symbole für Wichtiges?
- Arbeiten Sie gerne mit Lernkärtchen für das Auswendiglernen von Formeln, Namen, Jahreszahlen? Diese haben den Vorteil, dass Sie sich selbst abfragen können und dass Sie jene Vokabeln, Formeln, Namen, die Sie bereits gelernt haben, weniger oft wiederholen als die »widerspenstigen«.
- Überlegen Sie, welche Möglichkeit, einen Überblick über große Stoffgebiete zu gewinnen, Ihnen am besten entspricht: Eine Skizze oder eine Tabelle, die Sie selbst zusammenstellen, ein Mindmap als Übersicht, das die Beziehungen sichtbar macht, eigene Zusammenfassungen und Gliederungen?
- Wenn Sie ein Lernplakat oder ein Mindmap gemacht haben, hängen Sie es an einer Stelle auf, wo Sie oft vorbeikommen.
- Machen Sie einen Spickzettel: Schreiben Sie alle wichtigen Informationen übersichtlich und mit verschiedenen Farben auf ein großes Blatt, übernehmen Sie am nächsten Tag daraus die wichtigsten Stichwörter auf ein halb so großes Blatt und so weiter. Durch die bewusste Auswahl und das mehrfache Schreiben und Gestalten werden die Informationen zuverlässig gelernt.
- Gehen Sie vom Ganzen aus und verbeißen Sie sich nicht in Details.
- Treffen Sie sich regelmäßig mit einer Lerngruppe und vereinbaren Sie für jedes Treffen einen Schwerpunkt; dann bereiten sich alle gezielt auf den jeweiligen Teilbereich vor und überlegen sich Prüfungsfragen, die sie den anderen stellen wollen.

Prüfungen bewältigen

Wie stehe ich Prüfungen durch?

Niemand hat gerne Prüfungen. Da wir aber nicht nur in der Schule, sondern während des ganzen Lebens immer wieder in Prüfungssituationen kommen, müssen wir lernen, damit umzugehen. Nachfolgend deshalb Ratschläge zum erfolgreichen Bewältigen dieser Situationen.

Was kann ich gegen Prüfungsangst tun?

Wenn wir in Gefahr sind oder Angst haben, stößt unser Körper Stresshormone aus. Diese blockieren das Denken, damit alle Energie für die Verteidigung oder eine Flucht zur Verfügung steht. Diese Reaktion ist zwar biologisch sinnvoll, aber beim Lernen ein Hindernis. Wir können nicht gut lernen und uns nicht an Gelerntes erinnern, wenn wir unter Stress stehen.

Was zum Lampenfieber vor einem Vortrag gesagt wurde (S. 80), gilt auch bei Prüfungen: Die meisten Leute sind etwas nervös, vor allem, wenn von einer Prüfung für die Zukunft einiges abhängt. Eine gewisse Nervosität schadet auch nicht, sondern führt vermutlich dazu, dass wir uns noch systematischer vorbereiten. Auch wenn wir unruhiger schlafen, beeinträchtigt dies unsere Leistungsfähigkeit nicht (vgl. S. 34).

Wenn die Angst zu groß wird

Gehören Sie zu jenen, deren Prüfungsangst so groß ist, dass sie während der Prüfung nicht mehr klar denken können und alles, was sie vorher gelernt und beherrscht haben, plötzlich wie weggeblasen ist? Fühlen Sie sich in einem Teufelskreis, weil sich Ihre Angst nach jeder schlechten Erfahrung noch verstärkt?

Eine übergroße Prüfungsangst hat viel mit dem Selbstwertgefühl zu tun. Haben Sie Angst zu versagen, glauben Sie, weniger wert zu sein, wenn Ihre Noten nicht super sind?

Angst lässt sich nicht ignorieren. Sie müssen sich damit auseinander setzen und das Vertrauen in Ihre Lernfähigkeit wieder gewinnen. Wer könnte Ihnen dabei helfen? Können Sie sich mit Schulkameraden, einem Freund oder einer Freundin, die ähnlich fühlen und Sie verstehen, aussprechen und gemeinsam vorbereiten (vgl. S. 26)? Gibt es einen Lehrer, eine Lehrerin oder andere Personen, zu denen Sie Vertrauen haben, einen schulpsychologischen Dienst, wo Sie über Ihre Ängste sprechen und überlegen können, wie Sie dagegen vorgehen?

Manchen Lernenden in dieser Situation helfen auch Entspannungsübungen, ein Kurs mit autogenem Training oder Selbsthilfegruppen.

Wie lässt sich Prüfungsangst abbauen?

Im Normalfall, bei einer »Durchschnittsangst«, lässt sich durchaus einiges tun, um die Nervosität zu vermindern:

- Der erste Schritt besteht in einer realistischen Einschätzung der Lage. Was steht wirklich auf dem Spiel? Was ist das Schlimmste, was passieren könnte? Wie würde ich damit umgehen?

- Die Prüfung stellt eine Kontrolle Ihres Könnens dar. Sie können sich gut vorbereiten, sollten aber für Ihre Problemfächer keine unrealistischen Erwartungen haben.
- Ein gutes Zeitmanagement vor der Prüfung dient dem Angstabbau (vgl. S. 86): Beginnen Sie rechtzeitig, wiederholen Sie in regelmäßigen Abständen, aber beschäftigen Sie sich nicht ausschließlich mit der Prüfung. Vermeiden Sie auf diese Weise einen Marathon (»Durcharbeiten« der letzten Tage) oder Panikattacken (»das schaff ich nie«) beim Näherrücken des Termins. Gönnen Sie sich – wenn nötig mit Zeitplan – auch während der Vorbereitung Freizeit und Vergnügen.
- Sicherheit gewinnen Sie, wenn Sie die Prüfung vorher üben: Bereiten Sie in Ihrer Lerngruppe gegenseitig Fragen vor, die Sie schriftlich beantworten.
- Machen Sie in Ihrer Lerngruppe vor mündlichen Prüfungen ein Rollenspiel, bei dem Sie Ihre Reaktionen auf bestimmte Situationen (Unklarheiten, unerwartete Fragen, Blackout) einüben können.
- Lassen Sie sich nicht von anderen verrückt machen: Lernen Sie rechtzeitig, aber vergleichen Sie sich unmittelbar vor der Prüfung nicht mehr mit anderen. Zeigen Sie auch Mut zur Lücke: Sie können nicht alles wissen, aber sich intensiv mit dem Gebiet beschäftigen.
- Planen Sie so, dass Sie am Vorabend der Prüfung nicht mehr lernen müssen, sondern abschalten und vielleicht einen Spaziergang machen können. Tun Sie sich etwas Gutes, vielleicht ein entspannendes Schaumbad, dazu schöne Musik?
- Vergewissern Sie sich rechtzeitig, wo die Prüfung stattfindet und wie man dahin gelangt. Planen Sie die Zeit so, dass auch dann kein Stress entsteht, wenn es einen Stau oder eine Verzögerung gibt.
- Führen Sie sich auf dem Weg zur Prüfung nochmals vor Augen, dass Sie sich gut vorbereitet haben und was Sie alles können.

Wie bewältige ich schriftliche Prüfungen?

- Klären Sie rechtzeitig ab, welche Hilfsmittel erlaubt sind und mitgebracht werden sollen.
- Betreten Sie den Prüfungsraum nicht zu früh und lassen Sie sich von den anderen nicht nervös machen. Diskutieren Sie jetzt auch nicht mehr mit anderen über mögliche Prüfungsfragen, dies verwirrt nur.
- Beginnen Sie nicht sofort mit Schreiben. Lesen Sie die Fragen genau und prüfen Sie, ob klar ist, was verlangt wird. Nutzen Sie die Gelegenheit, Fragen zu stellen.
- Machen Sie ein Zeitbudget, das die Wichtigkeit der einzelnen Aufgaben berücksichtigt und Zeit zum Durchlesen am Schluss lässt. Verbringen Sie auch dann nicht zu viel Zeit mit einer einzelnen Frage, wenn Sie sehr viel dazu wissen, weil in der Regel ohnehin nur eine bestimmte Punktzahl pro Aufgabe vorgesehen ist.
- Lösen Sie zuerst die leichten Aufgaben, das gibt Ihnen Selbstvertrauen.
- Wenn Fragen eine längere Antwort erfordern, kann es hilfreich sein, sich die Gliederung mit Notizen oder einem Mindmap zu überlegen. In der Antwort lässt sich die Struktur mit Untertiteln und einer Zusammenfassung sichtbar machen. Verlieren Sie aber die gestellte Frage nicht aus den Augen.

- Verwenden Sie nicht zu viel Zeit auf eine schwierige Aufgabe; besser ist es, abzubrechen, zur nächsten überzugehen und auf die Knacknuss zurückzukommen, wenn die anderen gelöst sind.
- Überlegen Sie bei Aufgaben, die Sie nicht verstehen, ob Sie ein ähnliches Problem schon gelöst haben.
- Überlegen Sie sich, wie die Lösung, das Ziel aussehen muss und welche Wege dahin führen könnten. Schreiben Sie auf, was Sie schon wissen und was Sie noch suchen müssen.
- Wenn Sie während der Prüfung eine Blockade haben, atmen Sie tief durch, schließen die Augen und entspannen Sie sich kurz. Wenden Sie sich dann zunächst einer anderen Aufgabe zu.
- Es ist nicht gleichgültig, wie Ihre Prüfungsblätter aussehen. Versuchen Sie, leserlich zu schreiben, übersichtlich darzustellen und zu gliedern. Vergessen Sie nicht, sowohl die Antworten als auch die Seiten deutlich zu nummerieren.
- Geben Sie Ihre Prüfung nicht vorzeitig ab und lassen Sie sich nicht irritieren, wenn andere dies tun. Wenn Sie alle Fragen beantwortet haben, können Sie sich kurz entspannen, alles nochmals sorgfältig durchlesen, mit der Fragestellung vergleichen und die Formulierungen überprüfen.

Wie vermeiden Sie Flüchtigkeitsfehler?

Zu Flüchtigkeitsfehlern neigen wir:

- Wenn wir unter Zeitdruck sind und keine Zeit mehr zum Durchlesen haben.

  ☞ Dagegen hilft ein gutes Zeitbudget.

- Wenn wir in Panik geraten. Wir haben unsere Nerven bis zu Beginn der Prüfung unter Kontrolle gehalten. Jetzt erhalten wir plötzlich Aufgaben gestellt, mit denen wir nicht gerechnet haben.

  ☞ Ruhig Blut bewahren, zuerst die leichteren Aufgaben bewältigen. Dazwischen kurz die Augen schließen und tief durchatmen.

- Wenn wir unserer Sache allzu sicher sind. Wir haben die Fragen so gut vorausgesehen, sind so gut vorbereitet, dass wir alle Angst verlieren, sorglos werden und über Nebensächlichkeiten stolpern.

  ☞ Laufen Sie auch ein sicheres Rennen im Galopp zu Ende und verlieren Sie während des Schreibens die Frage nicht aus den Augen.

Wo treten Flüchtigkeitsfehler auf?

Am häufigsten sind Flüchtigkeitsfehler im mathematischen Bereich, wo sich banale Rechen- und Stellenfehler einschleichen können, sowie bei Fremdsprachen.

Bei mathematischen Aufgaben können wir sie verhindern, wenn wir uns angewöhnen, Ergebnisse zuerst zu schätzen. Muss eine komplizierte, mehrstufige Rechnung mit langen Zahlen gelöst werden, versuchen wir sie erst an einem Modell mit einfachen Zahlen. Wir sehen dann, in welcher Relation das Ergebnis zur Ausgangszahl stehen muss.

Bei Fremdsprachen kann eine Analyse früherer Prüfungen helfen: Welche »dummen« Fehler machen wir immer wieder?

Am wichtigsten ist es, genügend Zeit für die Schlusskontrolle vorzusehen. Oft brauchen wir ein wenig Distanz, um nicht immer wieder über den gleichen Fehler hinwegzusehen.

Wie verhalten Sie sich bei mündlichen Prüfungen?

Bei mündlichen Prüfungen spielt die Kommunikation mit den Prüfenden eine große Rolle. Wichtig ist deshalb nicht nur, dass Sie sich gut vorbereitet haben, sondern auch, welchen Eindruck Sie hinterlassen.

Einige Tipps:
- Achten Sie auf Ihr Auftreten, Ihre Kleidung.
- Hören Sie genau zu und fragen Sie bei Unklarheiten zurück.
- Antworten Sie nicht vorschnell, wenn die Frage gestellt ist, sondern überlegen Sie ruhig und notieren Sie falls möglich Stichworte.
- Gehen Sie auf die gestellte Frage ein und sagen Sie nicht einfach alles auswendig Gelernte auf.
- Sprechen Sie nicht zu leise und sehen Sie die prüfende Person an.
- Geben Sie bei längeren Antworten zuerst einen Überblick und allenfalls die Gliederung, in der Sie vorgehen wollen.
- Bei komplexeren Sachverhalten kann eine Skizze helfen; fragen Sie, ob Sie die Wandtafel benutzen können.
- Schweigen Sie nicht einfach, wenn Sie eine Antwort nicht wissen. Formulieren Sie die Frage um oder bitten Sie um zusätzliche Angaben. Sie können laut denken oder eine Übersicht geben. Es ist besser, wenn Sie ein Gespräch mit der prüfenden Person eingehen als wenn Sie Ausreden bringen, warum Sie etwas nicht wissen.

Was lässt sich aus Prüfungen lernen?

Auch wenn Sie in Ihrem Leben schon viele Prüfungen abgelegt haben, werden Ihnen immer wieder neue bevorstehen. Es lohnt sich deshalb, nach einer größeren Prüfung Bilanz zu ziehen und sich zu überlegen, was Sie daraus lernen können: Versuchen Sie, sich eine Antwort auf folgende Fragen zu geben:

- Bin ich mit dem Resultat zufrieden?
- Was habe ich gut gemacht?
- War meine Nervosität berechtigt?
- Was habe ich nicht gewusst oder falsch gemacht?
- Warum bin ich so vorgegangen? Was war meine Überlegung?
- Habe ich genug gelernt?
- Habe ich genügend Zeit für die Vorbereitung aufgewendet?
- Habe ich die Zeit während der Prüfung richtig eingeteilt?
- Habe ich mich gut konzentriert?
- Was hat mich allenfalls abgelenkt?
- Habe ich Flüchtigkeitsfehler vermieden?
- Was will ich bei der nächsten Prüfung anders machen?

Ihre Schlussfolgerungen:

Schlusswort

Wenn Sie das Buch (bzw. alle Kapitel, die Sie interessieren) durchgearbeitet haben, haben Sie zahlreiche Hinweise, Vorschläge und Übungsbeispiele erhalten, mit Hilfe von Fragebogen und Checklisten Ihre bisherigen Lernmethoden überprüft und sich Gedanken zu möglichen anderen Vorgehensweisen gemacht.

Lassen Sie sich von der großen Zahl von Ratschlägen und Themen nicht entmutigen. Es sind ja keine Vorschriften und Patentrezepte, sondern Anregungen. Es gibt viele Arten zu lernen, und es gelingt Ihnen am besten, wenn Sie Ihre eigenen Ideen verwirklichen und Ihre eigenen Ziele anstreben.

Sie werden sich weiter entwickeln und immer wieder in neue Lernsituationen kommen. Wenn Sie dann wieder zu dem Buch greifen, nachlesen, was Sie gut fanden und welches Ihre Überlegungen waren, kann es Sie auch weiterhin unterstützen.

Ich hoffe, dass das Buch Ihnen geholfen hat und weiter helfen wird, Ihren Stil zu finden.

Viel Spaß und Erfolg beim Lernen!

Weitere Literatur

Brandt, Edmund: Rationeller Schreiben lernen. Hilfestellung zur Anfertigung wissenschaftlicher (Abschluss-)Arbeiten. Nomos Verlagsgesellschaft, Baden-Baden 2002.

Endres, Wolfgang/Ortlieb, Harald: Meine beste Lernmethode. Motivations-CD. Beltz, Weinheim/Basel 2000.

Frick, René/Mosimann, Werner: Lernen ist lernbar. Eine Anleitung zur Arbeits- und Lerntechnik. Sauerländer, Aarau 1994.

Klippert, Heinz: Methoden-Training. Übungsbausteine für den Unterricht. Beltz, Weinheim/Basel [13]2002.

Schräder-Naef, Regula: Lerntraining in der Schule. Beltz, Weinheim/Basel 2002.

Schräder-Naef, Regula: Rationeller Lernen lernen. Beltz, Weinheim/Basel [21]2003.

Spitzer, Manfred: Lernen. Gehirnforschung und die Schule des Lebens. Spektrum, Heidelberg 2002.

Wottreng, Stephan: Handbuch Handlungskompetenz. Einführung in die Selbst-, Sozial- und Methodenkompetenz. Sauerländer, Aarau 1999.

Eigene Überlegungen

Die nachfolgenden Seiten sind für Ihre eigenen Gedanken zu Ihrem Lernstil und Ihrem Vorgehen bestimmt. Wann immer Sie beim Lesen dieses Buches oder beim Diskutieren über Lernprobleme und beim Austauschen von Lerntipps zu Ideen und Folgerungen kommen, können Sie sie hier festhalten. Auf diese Weise werden sie nicht vergessen und Sie können immer wieder darauf aufbauen, sie weiter entwickeln.

Datum	Überlegungen

Datum	Überlegungen

Lösungsvorschläge

Lösungsvorschlag zur Übung Konzentration (S. 41)

Pausenverteilung	
Art der Tätigkeit	Art und Dauer der Pausen
Notizen überarbeiten	Kurzpause, 1 Minute abschalten
Prüfung vorbereiten	Aufstehen, etwas trinken, 15 Minuten
Vokabeln lernen	Kurzpause, 1 Minute abschalten
Aufsatz fertig schreiben	Zwischendurch aufstehen, Lockerungsübung, Bewegung

Beispiele von Fragen zum Lesetext (S. 52)

1. Welche dieser Erkenntnisse sind neu für mich?
2. Wie ist das Gehirn aufgebaut?
3. Wie entwickelt sich das Gehirn nach der Geburt?
4. Warum sind Gefühle für das Lernen wichtig?
5. Wie funktioniert das Gedächtnis?
6. Warum kann man das Gedächtnis nicht mit einem Archiv vergleichen?
7. Was bedeuten diese Erkenntnisse für mein Lernen?
8. Wie lassen sie sich umsetzen?

Alle diese Fragen sind nur Beispiele. Welche Fragen haben Sie gestellt? Lassen sie sich nach dem Lesen beantworten?